U0072145

原來，愛曾經是 離我那麼的近

Love was once so close

我們一直生活在這個美麗快樂的世界裡，

但是，我們卻很少去好好地欣賞它，享受它。

原來，愛曾經是離我那麼的近！

編著　沈依潔
責任編輯　廖美秀
美術編輯　蕭佩玲
封面設計　蕭佩玲

出版者　培育文化事業有限公司
信箱　yungjiuh@ms.45.hinet.net
地址　新北市汐止區大同路三段一九四號九樓之一
電話　（02）8647-3663
傳真　（02）8674-3660
劃撥帳號　18669219
CVS代理　美璟文化有限公司
TEL／(02)27239968
FAX／(02)27239668

總經銷：永續圖書有限公司

法律顧問　方圓法律事務所　涂成樞律師
出版日期　2015年12月

國家圖書館出版品預行編目資料

原來，愛曾經是離我那麼的近！ / 沈依潔 編著.
-- 初版. -- 新北市 : 培育文化, 民104.12
面 ;　公分. -- (人與人系列 ; 63)
ISBN 978-986-5862-70-1(平裝)
1.修身 2.生活指導

192.1　　104021508

讓生活充滿快樂和陽光

學會感恩把愛傳遞給身邊的人

不向命運妥協

讓生活充滿
快樂和陽光

在自然界，人站在同一地方，太陽是有起有落的。

但在人的心中，只要你願意，心中的太陽是永遠不會下山的。

並不是真正的需要蜻蜓

萊格的爸爸是一位富商，但不幸罹患了癌症。臨終前，他看見窗外的市民廣場上有一群孩子在捉蜻蜓，就對他四個未成年的兒子說：「你們到那裡幫我捉幾隻蜻蜓來吧！我有許多年沒見過蜻蜓了。」

不一會兒，萊格的大哥就帶了一隻蜻蜓回來。富商問：「你怎麼這麼快就捉到一隻了？」

大兒子說：「我用您送給我的遙控賽車換來的。」富商點點頭。

又過了一會兒，萊格的二哥也回來了，他帶來兩隻蜻蜓。富商問：「你這麼快就捉了兩隻蜻蜓？」

二兒子說：「我把你送給我的遙控賽車租給了一位小朋友，他給我三分錢；這兩隻是我用兩分錢向另一位有蜻蜓的小朋友租來的。爸，你看這是那多出來的一分錢。」富商微笑著點點頭。

不久老三也回來了，他帶來十隻蜻蜓。富商問：「你是怎麼捉到這麼多蜻蜓的？」

三兒子說：「我把你送給我的遙控賽車在廣場上高高的舉起來，問：『誰想玩賽車，想玩的只需交一隻蜻蜓就可以了。』爸，要不是怕你急，我至少可以收集到二十隻蜻蜓。」富商拍了拍三兒子的頭。

最後到來的是萊格。他滿頭大汗，兩手空空，衣服上沾滿泥土。

富商問：「孩子，你怎麼了？」

萊格說：「我捉了半天，也沒捉到一隻，就在地上玩起賽車，要不是看見哥哥們都回來了，說不定我的賽車能撞上一隻落在地上的蜻蜓。」富商笑了，笑得滿眼是淚，他摸著萊格掛滿汗珠的臉蛋，把他摟在懷裡。第二天，富商死了，他的孩子在床頭發現一張小紙條，上面寫著：孩子，我並不需要蜻蜓，我需要的是你們捉蜻蜓的樂趣。

心靈絮語：

幸福快樂與否，不在於目的是否達到，而在於追求的本身及其過程。你在匆忙實現一個又一個目標的時候，是否也該偶爾停下來，享受一下生活的樂趣呢？

享受生活中的喜悅

人是需要享受生命的。無論你有多忙，你都有時間選擇兩件事：快樂還是不快樂。

早上起床的時候，也許你自己還沒有意識到，不過你的確已選擇了讓自己快樂還是不快樂。

有一位老師教小學生寫作文，題目是：「快樂是什麼？」

一個小女孩寫道：「快樂就是在寒冷的夜晚，鑽進厚厚的被子裡去。快樂就是，讓自己快樂。」

是的，快樂就是讓自己快樂。

歷史學家維爾．杜蘭特希望在知識中尋找快樂，卻只找到幻滅；他在旅行中尋找快樂，卻只找到疲倦；他在財富中尋找快樂，卻只找到紛亂憂慮；他在寫作中尋找快樂，卻只找到身心疲憊。

有一天，他看見一個女人坐在車站裡等人，懷中抱著一個熟睡的嬰兒。一個男人從火車上走下來，走到那對母子身邊，溫柔地親吻女人和她懷中的嬰兒，小心翼翼地不敢驚醒他。

然後這一家人開車走了，留下杜蘭特深思地望著他們離去的方向。他猛然驚覺，原來日常生活的一點一滴都蘊藏著快樂。

我們大多數的人，在一生當中不見得有機會可以贏得大獎，如諾貝爾獎或奧斯卡獎，因為大獎總是保留給少數精英分子的。

理論上來說，每個人都有成為國家領導人的機會，但是實際上，我們大多數的人都會失去這個機會。不過，我們都有機會得到生活的小獎，每一個人都有機會得到一個擁抱，一個親吻，或者只是一個就在住家大門口的停車位！生活中到處都有小小的喜悅，也許只是一杯冰茶，一碗熱湯，或是一輪美麗的落日。

更大一點的單純樂趣也不是沒有，生而自由的喜悅就夠我們感激一生的了。

這許許多多、點點滴滴都值得我們細細去品味，去咀嚼。也就是這些小小的快樂，讓我們的生命更可親，更可眷戀。

如果生命的大獎落到我們的頭上，我們應該心懷感激。但即使它們與自己失之交臂，也不必嗟歎，我們仍可盡情的去享受生命中的小獎。

要知道，昨日的英雄只是今日的塵土，生命的大獎只是雪泥鴻爪，瞬間消逝，但是那些小小的喜悅卻是日常生活中俯拾即是，無虞匱乏的。

心靈絮語：

人生的喜悅隨處存在，只要你細心的觀察，就會發現它們就在你的身邊。小小的驚喜才是平淡生活中最真實的一面。

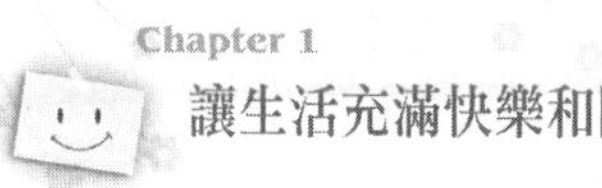

沒有任何理由可以絕望

傑瑞進入軍中服役，並且奉命參加以色列和阿拉伯之間的戰爭。他在一次戰鬥中受了嚴重的眼傷，眼睛因此而看不見東西。

雖然他受了這麼大的傷痛和苦楚，個性仍然十分開朗。他常常與其他病人開玩笑，並把自己配給到的香煙和糖分贈給好朋友。醫師們都用盡心力想恢復傑瑞的視力。

有一天，主治大夫親自走進傑瑞的房間對他說道：「先生，你知道我一向喜歡向病人實話實說，從不欺騙他們。我現在要告訴你，你的視力是無法再恢復了。」

時間似乎停下來，房間裡呈現可怕的靜默。

「大夫，我不知道。」

傑瑞終於打破沉寂，平靜地回答道，「其實，我一直都知道會有這個結果。非常感謝你為我費了這麼多心力。」

幾分鐘後，傑瑞對他的朋友說道：「我覺得我沒有任何理由可以絕望。

沒錯，雖然我的眼睛瞎了，但是，我還可以聽得見，講得很好呢！我的身體強壯，不但可以行走，雙手也十分靈敏。何況，就我所知，政府可以協助我學得一技之長，好讓我維持生計。我現在所需要的，就是適應另一種新生活罷了。」

這就是傑瑞，一名擁有明亮視野的盲眼士兵。

心靈絮語：

如果你能細數著自己所擁有的幸福，就沒有時間去詛咒自己的不幸了。

在閃電下微笑

伊特的家離學校很近，他每天都從家裡走路去上學。一天早上，天氣不太好，雲層漸漸變厚，到了下午時風吹得更急，不久便開始有閃電、打雷、下大雨。放學的時間到了，伊特的媽媽很擔心，她擔心兒子會被打雷聲給嚇著，甚至被雷打到。雷雨下得愈來愈大，閃電像一把銳利的劍刺破天空。伊特的媽媽趕緊穿上雨衣，騎上自行車，沿著上學的路線去找伊特。

遠遠的，她看到自己的兒子一個人走在街上。越來越近的時候，她發現每次閃電時，伊特都停下腳步，抬頭往上看，並露出微笑。看了許久，媽媽終於忍不住叫住了兒子，問他道：「你在做什麼啊？」

伊特說：「上帝剛才在幫我照相，所以我要笑啊！」

心靈絮語：

生活中的苦樂全在於我們的感覺，以更率真的態度對待身邊的一切吧！

你可以選擇你的心情

密得森高興地拿著一支蛋卷冰淇淋，一邊走一邊吃，好不快活。忽然一個不小心，整支香甜可口的冰淇淋掉到地上，散成一片。

密得森愣在那裡不知所措，甚至也哭不出來，只是睜大了眼睛看著一地的冰淇淋。

這時，有個老太太走過來，對密得森說：「好吧！既然你碰到這麼倒楣的遭遇，脫下鞋子，我教你做一件有趣的事情！」

老太太說：「用腳踩冰淇淋，重重地踩，看冰淇淋從你腳趾縫隙中冒出來。」密得森照著她的話去做。

老太太高興地笑：「我敢打賭，這裡沒有一個孩子有過腳踩冰淇淋的滋味！你現在就回家去，把這有趣的經驗告訴你媽媽。」

接著，老太太說：「要記住！不管遭遇到什麼事，你都可以在其中找到樂趣！」

這件事，使密得森深受啟發，他很快學會了這種處世原則。

不久後的一天午後，一場大雨在地面上形成一窪窪的小水坑。密得森的媽媽帶著他，小心翼翼地避開人行道上的積水。不料，一輛疾駛而過的計程車，濺起一片水花，將母子二人潑了一身水。

在母親極其懊惱之際，旁邊的密得森卻興奮地對媽媽說：「遇水則發，我們要發了。」

正在生氣的母親聽到這樣可愛的童言稚語，也不禁莞爾一笑，兩人快快樂樂地踩著積水回家了。

心靈絮語：

也許你不能改變一件已經變糟的事情，但是，你可以改變你對這件事情的看法和它對你的影響，你可以選擇你的心情。

音樂在你心中

小時候的一個聖誕節，格歐得到一個心愛的禮物——小木琴，另外還有一本指導手冊。依靠手冊上的詳細説明，在媽媽的悉心教導下，格歐開始入門了。

不幸的是，這一天，格歐難以置信地發現，那本手冊不見了！他和他父母找遍屋內、院子和車子裡的各個角落，都沒有找到。格歐坐在地上開始大哭起來，媽媽以為是他在找書時不小心傷到哪裡了。可是，看遍了他全身，也沒有發現一點異常，於是，納悶地問：「兒子，你怎麼了？」

「媽！」他嗚咽道，「音樂不見了！」

「哦，」他母親一下子放心了，停了一會兒，輕聲説道，「沒有那麼嚴重，兒子。只是手冊不見了……音樂在你心中……仔細聽，你會彈的。」

心靈絮語：

不論你的環境如何，你都可以歌唱生活，在心中響起動聽的樂曲。

有誰捆住你了嗎

阿木四處尋找解脫煩惱的祕訣。

這一天，他來到一個山腳下。只見一片綠草叢中，一位牧童騎在牛背上，吹著悠揚的橫笛，逍遙自在。

阿木走上前去詢問：「你看起來很快活，能教我解脫煩惱的方法嗎？」

牧童說：「騎在牛背上，笛子一吹，什麼煩惱都沒了。」

阿木試了試，不靈。

於是，他又繼續尋找。

阿木來到一條河邊。看見一位老翁坐在柳蔭下，手持一根釣竿，正在垂釣。他神情怡然，自得其樂。

阿木走上前去鞠了一個躬：「請問老翁，您能賜我解脫煩惱的辦法嗎？」

老翁看了阿木一眼，慢條斯理地說：「來吧！孩子，跟我一起釣魚，保證你沒有煩惱。」

阿木試了試，還是不靈。

於是，他又繼續尋找。不久，他來到一個山洞裡，看見洞內有一個老人獨坐在洞中，面帶滿足的微笑。

阿木深深鞠了一個躬，向老人說明來意。

老人反問道：「這麼說你是來尋求解脫的？」

阿木說：「對對對！懇請前輩不吝賜教。」

老人笑著問：「有誰捆住你了嗎？」

「……沒有。」

「既然沒有人捆住你，又談何解脫呢？」

阿木頓時恍然大悟。

心靈絮語：

在生活中，我們的許多煩惱都是自找的。快樂就蘊藏在我們的心裡，何苦去外求呢？

只要有悠閒的心

根根和爸爸坐在大樹下餵鴿子，涼風從樹梢間穿入感到十分涼爽。爸爸對根根說：「如果能像樹那麼悠閒，整天讓涼風吹拂，也是很好的事呀！」根根說：「爸爸，你錯了，樹其實是非常忙碌的。」

根根說：「樹的根要深入地裡，吸收水分，樹的葉子要和陽光進行光合作用，整棵樹都要不斷地吸入二氧化碳，吐出氧分，樹是很忙的呀！」

停了一會兒，根根接著說：「你看，地上的鴿子好像很悠閒地在踱步，其實鴿子是在覓食，牠也是很忙的。當我把玉米撒在地上的時候，悠閒的鴿子就忙碌起來了。」爸爸說：「對啊！如果我們有悠閒的心，那麼所有的忙碌的事情都可以用悠閒的態度來完成。」

心靈絮語：

有很多時候我們對生活不滿，往往並不是因為生活本身有問題，而是我們自己的態度有問題。我們應該時常想一想：自己對生活的期望是否實際？

幸福只是一種感覺

一個名叫扎西達娃的藏族首領要別人猜一猜，他一生中感到最幸福的是什麼，誰也猜不出。

他說：是他第一次吃水果糖的時候。

那是一九五〇年初春的一天，還是農奴的扎西達娃外出放牧，遇上了一支年輕的隊伍，他們每個人的帽子上都有一顆耀眼的紅星。他十分恐懼。但軍人們待他非常友好，一個與他年紀相仿的軍人還送給他一顆水果糖。這是一種普通的糖。他不知道是什麼，只見軍人比劃著剝開紙放到嘴裡吃起來。他把它揣在懷裡。

回去後他不敢聲張，因為被農奴主知道了會被挖眼睛、割舌頭的。晚上他怎麼也睡不著。夜深人靜，四週一片漆黑，只有風在屋外呼嘯著。他偷偷地把它拿出來，剝開紙，放在嘴邊輕輕一舔。天哪！一種從未體驗過的感覺傳遍全身，世界上居然有這麼美妙的東西！他又一舔，簡直懷疑自己在做夢。他咬破了自己的指頭，來證實自己不是在做夢。那種感覺，他後來知道叫甜。從前哪裡知道什麼叫做甜！只知道苦。他十分珍惜，每晚拿出來舔一舔。一直過了很長時間，他才把那顆糖「吃」完。

這位後來成為自治區高級領導人的扎西達娃，一生中不知吃過多少糖，也不知有多少可以引以為自豪的事績。但只有這第一次吃糖的感受最深，體驗到的最幸福。

心靈絮語：

幸福只是一種感覺，與你願望的大小、得到的多少沒有任何關係。

為什麼能夠幸福和長壽

伊拉特和同學們一起到養老院探望老人。當大家七嘴八舌在聊天時，伊拉特突然向老人們問道：「請問各位長輩，您們當中哪一位年紀最大？」一位身體健朗的老太太舉手，微笑著說：「我今年九十八，不知可否算是最年長的？」

伊拉特以欽佩的眼神看著她，問道：「您可否以過來人的身份給我們年輕一輩一些建議，要如何才能追求到幸福與長壽？」

「我從來就不曾追求什麼幸福與長壽的，小伙子！」老太太安詳地說。

「我不懂……」伊拉特有些不解。只見老太太笑著說：「我只是找個地方坐下好好休息一下，讓幸福來追上我！」

心靈絮語：

對於幸福，急切地追尋不如靜心地等候。

我要看

包希爾·戴爾只有一隻眼睛，而且還被嚴重的外傷給遮住了，僅僅在眼睛的左方留有一個小孔。

所以，每當她要看書的時候，就必須把書拿起來靠在臉上，並且用力轉動自己的眼珠從左方的洞孔向外看。

但是從小到大，包希爾·戴爾拒絕別人的同情，也不希望別人認為她與一般人有什麼不一樣。當她還是一個小孩子的時候，她想要和其他的小孩子一起玩踢石頭的遊戲，但是她的眼睛看不到地上畫的標記，因此無法加入到他們的行列中去。

於是，她就等到其他的小孩子都回家去了以後，趴在他們玩耍的場地上，沿著地上所畫的標記，用她的眼睛貼著看，並且，把場地上相關的事物都默記在心裡，之後不久，她就變成了踢石頭遊戲的高手了。

她一般都是在家裡讀書的，她先將書本拿去放大影印以後，再用手將它們拿到眼睛前面，她的睫毛都碰到了書本，就是在這種情況下，她還獲得了兩個學位：一個是美國明尼蘇達大學的美術學士，另一個是哥倫比亞大學的美術碩士。

當她得到學位之後，便開始在明尼蘇達州的一個小村莊裡當教師，後來成為一家學院新聞學與文學的副教授。這其間，她經常在婦女俱樂部裡演講，以及在美國的廣播電台介紹一些作家和文學著作。她回憶說：「在我的內心深處，一直存在著一種害怕面對黑暗的恐懼心理，為了克服它，我就用愉快的心情去過我自己的生活。」

她五十二歲的時候，奇蹟發生了——她在瑪亞診所動了一次眼部手術，沒想到卻使她的眼睛能夠看到比原先所能看到的遠四十倍的距離。尤其是當她在廚房做事的時候，她發現即使在洗碗槽內清洗碗碟，也會有令人心情激動的情景出現。

她興奮地說：「當我在洗碗的時候，我一面洗一面玩弄著白色絨毛似的肥皂水，我用手在裡面輕輕地攪動著，然後用手捧起一堆細小的肥皂泡泡，把它們拿得高高的，對著陽光看，在那些小小的肥皂泡泡裡面，我看到了鮮艷奪目、宛如彩虹般的色彩。」

當她從洗碗槽上方的窗戶向外看的時候，是那麼的愉快和忘我。因為這個時候，她還看到了一群灰褐色的麻雀在飄著大雪的空中飛翔。

她簡直無法抑制自己在欣賞肥皂泡泡與麻雀時的愉快心情，一夜夜難以入眠。後來，她寫了一本談論關於勇氣以及給人精神鼓勵的著作，書名叫做《我要看》。

她在書中的結尾裡寫道：「我輕聲地對自己說，親愛的上帝，感謝你，非常非常的感謝你！感謝你的恩賜，因為你使我能看見洗碗槽，使我看到肥皂泡裡的小彩虹，以及在風雪中飛翔的麻雀……」

心靈絮語：

我們一直生活在這個美麗快樂的世界裡，但是，我們卻很少去好好地欣賞它，享受它。在我們的生命當中，除了努力爭取你想要的，還要考慮如何在得到之後好好享受它。

生活不能過於理想化

有一天，女兒走到著名作家葛雷哥萊．拜特森面前，問了一個問題：「爸爸，為什麼東西總是很容易便弄亂了呢？」

拜特森便問道：「乖女兒，你這個『亂』字是什麼意思？」

女兒說道：「你知道嗎，那是指沒有擺整齊。看看我的書桌，東西都沒在一定的位置，這不叫作『亂』叫什麼？昨天晚上我花了不少時間才把它重新擺整齊，但就是沒法保持很久，所以我說東西很容易便弄亂了。」

拜特森聽完就告訴女兒說：「什麼叫做整齊，你擺給我看看。」

於是，女兒便開始動手整理，把書桌上的東西都歸定位，然後說道：「請看，現在它不是整齊了嗎？可是它沒法保持很久。」

拜特森又再問她：「如果我把你的水彩盒往這裡移動十二英吋，你覺得怎麼樣呢？」

女兒回答說：「不好，這麼做書桌又弄亂了，你最好讓桌面維持『淨空』的狀態，不要出現那些『違規』的情形。」

隨之拜特森又問道：「如果我把鉛筆從這兒移到那兒呢？」

「你又把桌面弄亂了。」女兒回答道。

「如果我把這本書打開呢？」他繼續問道。

「那也叫做亂。」女兒再答道。

拜特森這時微笑著對女兒說道：「乖女兒，不是東西很容易弄亂，而是你心裡對於亂的定義太多了，但對於整齊的定義卻只有一個。」

心靈絮語：

不要把幸福生活設想得過於理想化，放棄這些無謂的苛刻條件，你就會感到非常輕鬆。

往幸福的峽谷前進

很久很久以前，在挪威的某個小村莊裡有一個年輕人，他正當大好青春年華，卻終日愁眉不展，覺得自己是世上最不幸福的人。他向上蒼祈求指點，好讓他找到幸福。他的虔誠感動了上蒼，給他派來一位天使。

天使把這位年輕人帶到一個峽谷，告訴他這裡就是幸福峽谷，也是「人間天堂。」天使說。

當時是夏天，北歐國家一年當中最美的季節。峽谷中叢林茂盛，野花盛開，歸來的候鳥在無垠的晴空下飛翔，小溪唱著歡樂的歌兒流下山去。年輕人的心豁然開朗，被峽谷的風景迷住了。

在他還來不及表示感激之意時，天使又說道：「每個人的一生當中只能來兩次，你要珍惜你的機會啊！」說完，天使就消失了。暮色降臨時，年輕人依依不捨地離開峽谷。

從此年輕人對生活的態度有了很大的改變，因為他知道幸福峽谷在哪裡，知道在哪裡能找到幸福的方向。他也一直牢記天使的告誡，不想輕易動用他的機會。他決心盡自己的最大努力嘗試解決問題，不到萬不得已的時候不到峽谷去。奇怪的是，在他的努力下，問題都迎刃而解。到了老年，他已是著名的成功人士。在生命的最後時刻，他獨自回到幸福峽谷。

他跪在峽谷中祈禱，感激上蒼對他的厚愛，賜予他無限的幸福。這時，天使出現在他的面前，告訴他幸福全靠自己的雙手去創造，上蒼只會幫助有志者。

他不大相信，說：「可這裡不是有魔力的幸福峽谷嗎？」

天使笑了，反問道：「難道你真的以為這裡和別處的峽谷有什麼不同嗎？」當年的年輕人愣住了，似乎是頭一次認真觀察眼前的峽谷，過了好長的時間才恍然大悟。

心靈絮語：

幸福要靠自己的努力去創造，只要你調整好心態，幸福將無處不在。

我心中有數

小鎮上一位頗有錢的五金行老闆，把支票放在棕色大信封袋內，把鈔票放在雪茄煙盒裡，把到期的賬單都插到票插上。

那個當會計師的兒子來探望他，說：「爸爸，我實在搞不清你怎麼做買賣的。你根本無法知道自己賺了多少錢。讓我替你做一套現代化會計系統好嗎？」

「不必了，孩子。」

父親說：「這一切，我心中有數，我爸爸是個農民，他去世時，我名下的東西只有一件工作褲和一雙鞋。後來我離開農村，跑到城市，辛勤工作，終於開了這家五金行。

今天我有——三個孩子，你哥哥當了律師，你姐姐當了編輯，你是個會計師。我和你媽媽住在一棟挺不錯的房子裡，還有兩部汽車。我是這家五金行的老闆，而且沒欠人家一分錢。」

老父親停頓了一下接著說：「好了，說說我的會計方法吧——把這一切加起來，扣除那條工作褲和那雙鞋，剩下的都是利潤。」

心靈絮語：

生活的收穫是多方面的，絕不僅僅是表現在賺了多少錢的上面。

明確人生的最終追求

陳老師在一所工業技術學院改制成的大學裡兼課，他教的是大一英文。他們選用了一本叫《成功學》的原文教科書。

課本裡最後一課的標題叫做《世界的最後一晚》。這種文章當然是科幻短篇，特別的是，它寫得非常樸實，沒有高科技，不關乎外星人或隕石，筆調文藝得讓學理工的大學生們覺得不夠炫，不夠刺激。尤其文章的配圖居然是一幅手繪的居家景象：四口之家晚上共聚一堂，媽媽在喝咖啡，爸爸在倒咖啡，兩個女兒在客廳的地毯上排積木。

在課堂上，數十位二十歲出頭的學生向老師抗議：「這幅插圖有沒有擺錯？世界的最後一夜怎麼會這樣？」

作為一個有家有孩子的中年人，陳老師卻深受文章感動。

它假想的情境是：地球上所有的成年人都同時做了一個夢，夢裡大家都清楚地知道，不久後的某一晚，就是地球的最後一夜了。故事的主題，就是這一家人如何度過最後一晚。兩夫婦還是把碗筷洗得乾乾淨淨，還是把孩子送上床道晚安，在此當中，兩人不停地對話，好像要把握機會把話說完。兩人上床時，特別感覺到：能夠睡在乾淨清爽的床單上，其實就是一種幸福。

為妻的忽然想到廚房水龍頭沒扭緊，連忙奔下樓關水，再回到床上時，兩人相對失笑：地球都要毀滅了，居然還忙著關水。兩人最後的對話是，互道：「晚安！」

特別令人感動的是丈夫說的一段話：「你知道嗎？除了你和兩個女兒，其實也沒什麼好留戀的。我從來不曾真正喜歡過這座城市，也不喜歡我的工作，或者任何你們三個以外的事情。如果真要說捨不得，恐怕只有四季的轉換，大熱天裡一杯冰得透涼的水。還有，我喜歡熟熟睡著的時候。」

「說得真好。」陳老師對學生說，「這段話點出人生的真正價值所在。享受四季的轉換就是能和大自然和諧相處；愛喝夏天的一杯冰水代表的是健康的身體和簡單的慾求；能沉沉的睡去表示心中坦蕩無慮；至於留戀妻女，可不就是對親人的愛嗎？」

有些學生問他：「世界都快滅亡了，文章裡的主角怎麼不去做些特別的事情？為何所談的都是枯燥例行的瑣事？」

望著講台下一雙雙年輕的眼睛，想著他們畢業後都是要進熱門的電子行業，等著領高薪，分股票的，整個世界還等著他們去認識，追求，購買……忽然之間，陳老師明白《成功學》的作者為什麼要把這樣一篇字彙並不特別艱深，句子一點也不難懂的文章，安排作為一套共四冊教材裡的壓軸之卷。原來，世界的最後一晚，我們所最依依難捨的，就等於是我們所認定的，人生的最終價值。

所謂成功的最後一課，就是在弄清楚人生的最終追求。寫書的人其實是對著即將學成，即將出社會去追逐名利的年輕人，進行了一番很好的告誡。

心靈絮語：

人生最快樂的，就是享受自然、平靜的家庭生活。

財富如同藥丸

當卡爾七歲的時候，有一天在放學的途中，他發現了一隻迷路的米克斯狗。它是隻被丟棄的流浪狗。可是對一個小男孩而言，它可是隻非常可愛的流浪狗。卡爾叫它「傑斯特」，從此他們片刻不離。卡爾只在去上學的時候沒跟它在一起。

有一次，他甚至偷偷把它帶到教室去。不過老師通知了卡爾的父母，他回家後便被打了一頓，並且必須答應從此不再帶它去學校。

有一天，卡爾發現傑斯特的右眼下方有個小傷口，之後陸續有其他的傷口出現在它的毛髮下面和耳朵四周。

他知道自己的父親絕不會在一隻流浪狗身上花任何錢，所以他用自己的方法，每天用肥皂清洗它的傷口，然而情形愈來愈糟。等到最後他不得已求助父親時，想必他的沮喪和絕望的神情一定十分明顯。父親並未責罵他，父親看看他，再看看狗，甚至沒問兒子什麼，便叫他帶著狗一起到車上去。

他們開車來到鎮上的獸醫診所。醫生只看了一眼傷口，便立刻瞭解了病情。他走到他的藥櫃前，取出一整盒藥丸——那是可以醫治小狗的藥丸。

他似乎並不覺得特別嚴重，只吩咐卡爾在頭三個星期，早晚讓狗各服一粒藥丸；接下來三周，每天早晨讓狗服用一粒。醫生告訴卡爾，如果情況不見好轉，六個星期後再帶狗回來複診。

卡爾高興極了，他的狗會好起來的。當天晚上，他給它吃了第一顆藥，然後第二天早上上學之前又給它吃了第二顆。由於那天卡爾急著去上學，便把盛藥的盒子放在書桌上，而忘了把它放在抽屜內。它們一定是味道很好的藥丸，至少對狗來說是如此。因為那天白天不知什麼時候，傑斯特跳到書桌上，把藥包咬開，將所有藥丸都吃進去了。

卡爾從學校回家後，發現它倒臥在臥室地板上沉睡，從此不再醒來。那些原本可令它逐漸好轉的藥丸，就在片刻之內全部被吃完，終於奪走了它的生命。

心靈絮語：

財富如同藥物一般，如果誤用或貪多，其結局會是一個悲劇。

財富帶來的煩惱

在巴黎有一個名叫布隆杜的鞋匠。

他住在蒂羅伊廣場，以縫補皮鞋為業，過著無憂無慮的生活。他嗜酒勝過一切，而且樂於與人共飲，他終日哼哼唱唱地唱個不停，好像不知人間有什麼煩惱。直到有一天——

有一天晚上，他在破牆中發現了一個鐵罐，罐中裝滿了古代的錢幣，有金幣，也有銀幣。

他不知道這古幣到底值多少錢，為此他十分煩憂，歌也不唱了，心裡總是盤算著那個鐵罐。

「這種錢現在已不通用，」他思忖著，「我沒辦法用它去買麵包或酒，如果拿到金店去賣，他們不是騙我，使我折損這份財富，就是向我勒索，讓我所剩無幾。」

後來他又擔心起來，生怕鐵罐沒有藏好被人偷去。所以每隔一會兒就去看看，這使他很煩惱，不過很快他就恢復了理智。

他說：「我的心事總是糾纏在這個事上，豈不讓瞭解我的人笑話嗎？那東西只會使我倒霉！」

想通了之後，他拿起這罐金幣，毫不心疼地扔進了塞納河，他的煩惱也隨之清除了。

心靈絮語：

有時，金錢帶給我們的不是快樂，而是煩惱。

交換大腦的窮漢和富翁

有兩個人，一個是體弱多病的富翁，一個是身強體健的窮漢。兩人相互羨慕著對方。富翁為了得到健康，樂意出讓他的財富；窮漢為了成為富翁，隨時願意捨棄健康。

聞名世界的外科醫生發現了人腦的交換方法。富翁趕緊提出要和窮漢交換腦袋。其結果是富翁會變窮，但能得到健康的身體；窮漢會富有，但將會病魔纏身。

醫生做的手術非常成功：窮漢成為富翁，富翁變成了窮漢。

但不久，成了窮漢的富翁由於有了強健的體魄，又有著成功的意識，漸漸地又積起了財富。但在這同時，他老是擔憂著自己的健康，一感到有些微的不舒服便大驚小怪。

由於他總是那樣擔心受怕，久而久之，他那極好的身體又回到原來那多病的狀態裡，或者說，他又回到了以前那種富有而體弱的狀態之中。

那麼，另一位新富翁又怎麼樣呢？

他總算有了錢，但身體孱弱。然而，他總是忘不了自己是個窮漢，有著失敗的意識。

他不想用換腦得來的錢相應的建立起另一種新生活，而是不斷地把錢浪費在無用的投資裡，這真是應驗了「老鼠不留隔夜食」這句老話。

錢不久便被他揮霍殆盡，他又變成原來的窮漢。然而，由於他無憂無慮，換腦時帶來的疾病也不知不覺地消失了。他又像以前那樣有了一副健康的身體。

最後，醫生發現，自己的手術白做了：兩人都回到了原來的模樣。

心靈絮語：

健康和富足都是習慣的產物。

多注意生活中的美好

一群中學生在李老師的帶領下去春遊。

在郊外的一條小河邊，一對青年男女旁若無人地擁吻著。學生們不時地偷偷向那邊張望，李老師看著這一情景，便把同學們召集在一起，問：「同學們，看著眼前這一情景，你們心裡想到了什麼？大膽地說出來！」

同學們剛開始有些不好意思說，後來在李老師的鼓勵下紛紛發言。有的說想到了長大，有的說想到了兒童不宜觀賞。大多數同學都說想到了不正經，甚至下流。

等同學們都說完了，李老師說：「你們把心裡想的都說出來了，這很好。可是我要問大家，他們兩人為什麼要到這小河邊擁抱親吻呢？」

同學們都說是為了滿足慾望或完成某種交易，因為那女的很漂亮。李老師搖搖頭，他拿起一根木棍，在地上寫了一個大大的「愛」字。同學們一時都沉默了。

「同學們，人與人之間有那麼多美麗的情感，你們為什麼偏偏看見那些

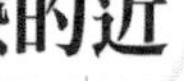

醜陋的東西呢？」李老師說，「愛是神聖而美好的。你們看，在這春天陽光明媚的小河邊，他們那麼忘情、那麼投入，此時此刻，他們的心裡一定充滿了愛。同學們，不要因為陰影而忽略陽光啊！現在，看著這一對情侶，你們心裡又想到了些什麼呢？」

同學們異常踴躍，有的說心心相印，有的說白頭偕老，有的說地久天長，幾乎說盡了所有美好的祝福。

心靈絮語：

要多注意生活中的美好之處，祝福你所看到的愛，那樣，你的心中就會充滿美好的情感，你就會更加熱愛生活！

專注的對象不一樣

有一位長年住在山裡的印第安人因為特殊的機緣，接受一位住在紐約的友人邀請，到紐約做客。當紐約友人引領著印第安人出了機場正要穿越馬路時，印第安人對著紐約友人說：「你聽到蟋蟀聲了嗎？」

紐約友人笑著說：「您大概坐飛機坐太久了，這機場的引道連到高速公路上，怎麼可能有蟋蟀呢？」

又走了兩步路，印第安朋友又說：「真的有蟋蟀！我清楚的聽到它們的聲音。」

紐約友人笑得更大聲了：「您瞧！那兒正在施工打洞，機械的噪音那麼大，怎麼會聽得到蟋蟀聲呢？」

印第安人二話不說，走到斑馬線旁安全島的草地上翻開一段枯倒的樹幹，招呼紐約友人前來觀看那兩隻正在高歌的蟋蟀！

只見紐約友人露出不可置信的表情，直呼不可能：「你的聽力真是太好了，在那麼吵的環境下還聽得到蟋蟀的叫聲！」

印第安朋友說：「你也可以啊！每個人都可以的，我可以向你借你口袋裡的零錢來做個實驗嗎？」

「可以！可以！我口袋裡大大小小的銅板有十幾元，您全拿去用！」紐約友人很快地把錢掏出來交給印第安友人。

「仔細看，尤其是那些原本眼睛沒朝我們這兒看的人！」說完話的印第安友人，把銅板拋在柏油路上，突然，有好多人轉過頭來看，甚至有人開始彎下腰來撿錢。

「您瞧，大家的聽力都差不多，不一樣的地方是，你們紐約人專注的是錢，我專注的是自然與生命。所以聽到與聽不到，全在於有沒有專注地傾聽。」

心靈絮語：

我們控制不了外在的條件。要改變自己對生活的感受，最快的方法就是改變你注意的焦點。

快樂掌握在你自己手中

有一天，心理學家鮑利斯去拜訪一位很有名望的企業家。當鮑利斯走進他的辦公室時，他正在打電話，邊說邊在一個本子上使勁地亂畫著。他把鉛筆攥得緊緊的，關節都變白了。

他掛了電話，鮑利斯指著那些毫無意義的圓圈和線條問他：「你這樣做有什麼意義呢？」

「我也不知道，」他聳聳肩回答。

「精神緊張吧！非得做些什麼來減輕這種緊張。」

這位企業家的問題和成千上萬的先生們和女士們一樣，就是只想靠用腦子過日子。

三年前，一位律師開始感到自己的精力衰竭。他發現他的生活中缺少了某種東西，但他始終不明白自己缺少的是什麼。

有一天，他心血來潮，決定做一張擺在起居室裡的小桌子。他從來沒有親手做過任何東西，可是他訂購了木料和工具。

頭一晚上，他一直做到午夜。

「真是一件奇妙的事，」他告訴鮑利斯，「那張桌子，儘管做工粗糙，不大好看，卻開始在我手中成形了。我第一次感覺到我竟然能創造某種東西。當我刨一塊做桌面的木板時，我第一次注意到木板上美麗的花紋，於是就買了一點亮光漆塗在上面，使花紋更加明顯。上了漆的木板呈現出一種濃艷的光澤，使我突然意識到我正在創造一件美麗的藝術品。此時我不禁感到這比在法庭上贏得我承辦的第一件大案勝訴時更加令人滿足。」

後來，那位律師把他的地下室裝修成一間木工房，而且每星期都在那裡做上五六個小時。

「每當我在木工房做事時，」他不久前告訴鮑利斯說，「我就會忘卻一切煩惱和負擔，腦子就像暴風雨過後的空氣那樣清新。我知道這聽起來很滑稽，但是每當我完成一件特別設計的作品時，我的感受就像達文西在注視著他剛畫完的《蒙娜麗莎的微笑》時的感受一樣。」

每一個創造者，無論是製作一把廚房用椅，還是建造一座哥德式教堂，在他的工作過程中，都會感受到同樣的自我表現慾望和自我滿足感。

重要的是在於你要全心全意地沉浸在你的工作中，而不在乎世人對結果作何評價。

再說，讓雙手閒置不用，確實是件危險的事。醫學研究家在坦普爾大學和其他幾所大學的測驗結果表明：智力會隨著動手做的能力而增長。手工勞作要有清晰的思路，要有你自己找出解決問題的辦法。許多精神不穩定的患者，可以透過幫助他自己如何利用雙手而得以治癒。

我們並不主張每一個人都要獻身於藝術創作。但是每個人每週至少應有五至六個小時，從事創造性的個人勞動活動。

如果你樂意，不妨稱之為業餘愛好；但這應該是一項你可以完全沉浸於其中的手工勞動嗜好。

這樣的業餘手工嗜好可以是園藝、捏陶、木雕或者模型製作、攝影、組裝收音機等等——可以列舉出無數這類業餘嗜好。它們能幫助減輕或消除人們生活中的緊張，給人們一種自我成就感。無論什麼時候開始，都絕不會太晚。

要記住，手工勞作等創造性工作在今天，比過去任何時候都還要來得重要。機器時代傾向於使我們的工作刻板化，把我們推入一個複雜的經濟體系。在這個體系中，個人的努力似乎是微不足道的，也因此使我們產生了強

烈的自卑感。

我們需要自信心和自尊心，而這二者只能來自親眼看到在我們手中逐漸成形的實體。

心靈絮語：

現代社會的人大都會有焦慮和憂悶的感覺，其實這主要是在於我們總是用腦過多極度疲勞，而卻很少用手的緣故。放著雙手不用，無疑是自尋煩惱。

唱歌的鳥兒

在一個春光明媚的早晨，有一隻漂亮的鳥兒，站在擺動的樹枝上放聲歌唱，樹林裡到處迴盪著它甜美的歌聲。

一隻田鼠正在樹底下的草皮裡掘洞，它把鼻子從草皮底下伸出來，大聲喊道：「鳥兒，閉上你的嘴，為什麼要發出這種可怕的聲音？」

這隻歌唱的鳥兒回答說：「哦，先生，我總是忍不住要歌唱。你看，空氣是多麼新鮮；春天是多麼美好；樹葉綠得多麼可愛；陽光是多麼燦爛；世界是多麼可愛；我的心中充滿了甜蜜的旋律，我無法不歌唱。」

「是嗎？」田鼠睜大眼睛，不解地問道，「這個世界美麗可愛嗎？這根本不可能，你完全是胡扯！世界上的任何事情都是毫無意義的。我已經在這兒生活了這麼多年，我瞭解得很清楚。我曾經從各個方向挖掘，我不停地挖啊！挖啊！但是，我可以告訴你，我只發現了兩樣東西，那就是草根和蚯蚓。再沒有發現過其他東西，真的，沒有任何可愛的東西。」

快活的鳥兒反駁說：「田鼠先生，你自己上來看看吧！從草皮底下爬上

來，你上來看看太陽、看看森林，看看這美麗可愛的世界，呼吸一下新鮮的空氣。要是這樣，你也會忍不住流淚。上來吧！讓我們一起大聲歌唱。」

心靈絮語：

我們要做樂觀主義者，儘管世界上還有邪惡的東西存在，但要相信這個世界總體上是非常美好的。

把煩惱掛在外面

一個農場主，雇了一個水管工來安裝農舍的水管。水管工的運氣很糟，頭一天，先是因為車子的輪胎爆裂，耽誤了一個小時。接著又是電鑽壞了。最後呢！開來的那輛載重一噸的老爺車拋錨了。他收工後，僱主開車送他回家。

到了家門前，水管工邀請僱主進去坐坐。在門口，滿臉晦氣的水管工沒有馬上進去，沉默了一陣子，再伸出雙手，撫摸門旁一棵小樹的枝丫。等到門打開後，水管工的笑逐顏開，和兩個孩子緊緊擁抱，再給迎上來的妻子一個響亮的吻。

在家裡，水管工開開心心地招待這位新朋友。僱主離開時，水管工陪他往車子的方向走去。僱主按捺不住心中的納悶，便開口問：「剛才你在門口的動作，有什麼用意嗎？」

水管工爽快地回答：「有，這是我的『煩惱樹』。我在外頭工作，遇到挫折，總是有的。可是煩惱不能帶進家門，因為家裡頭有太太和孩子。所以

我就把它們掛在樹上，讓老天爺先管著，明天出門再拿走。奇怪的是，第二天我到樹前去，昨天的『煩惱』大半都不見了。」

心靈絮語：

當你對生活環境感到極端厭倦、壓抑時，一定要找到一種途徑，適當地發洩一下內心的積鬱，這是一種獲得心理平衡的好方法。

隨手把身後的門關上

英國前首相勞合．喬治有一個習慣——隨手關上身後的門。

有一天，喬治和朋友在院子裡散步，他們每經過一扇門，喬治總是隨手把門關上。

「你有必要把這些門關上嗎？」朋友很是納悶。

「哦，當然有這個必要。」喬治微笑著說，「我這一生都在關我身後的門。你知道，這是必須做的事。當你關門時，也將過去的一切留在後面，不管是美好的成就，還是讓人懊惱的失誤，然後，你又可以重新開始。」

朋友聽後，陷入了沉思之中。喬治正是憑著這種精神一步一步走向了成功，踏上了英國首相的位置。

「我這一生都在關我身後的門！」多麼經典的一句話！從昨天的風雨裡走過來，身上難免沾染一些塵土和晦氣，心中多少留下一些酸楚的記憶，這是不能完全抹掉的。

我們需要總結昨天的失誤，但我們不能對過去的失誤和不愉快耿耿於

懷，傷感也罷，悔恨也罷，這都不能改變過去，不能使你更聰明、更完美。如果總是背著沉重的懷舊包袱，為逝去的一切感傷不已，那只會白白耗費眼前的大好時光，也就等於放棄了現在和未來。

追悔過去，只能失去現在；失去現在，哪有未來！正如俗話所說：「為誤了頭一班火車而懊悔不已的人，往往還會錯過下一班」。

心靈絮語：

要想成為一個成功快樂的人，最重要的一點就是記得隨手關上身後的門，學會將過去的錯誤、遺憾全部拋在腦後，盡量向前看。

一個燦爛的春天

幾個賣菜的老婦人，正在門外放下擔子閒話家常呢！那煩瑣的談話中，也有美。即使你不是一個詩人，也可以用心把遠處的鐘聲，近處的小販鈴聲，錄記下來，成為人間的小曲。

你的工作，可以是你的愛好，你不妨在工作之外更有所好，那你便會是世界上最幸福的人了。

你應該羨慕巷口那個老鞋匠，當他工作的時候，伴著那小釘錘的叮叮響聲，他常常溫習著他自己聽來的戲詞，他愛他的工作，他的工作也成了他的愛好，儘管他收入菲薄！

那個到附近雜貨店送醬油的送貨員是值得讚美的，他一邊自車上卸下他那些醬油瓶，一邊唱著他的鄉土小調，他在他單調的工作找到了趣味。

人生幾十年，雖然不算太長，但也不算太短，聰明的造物主給你的這一段時間，恰好可供你利用，只要自己樂意去培植，每個人的生命樹上都可以開出最可愛的花，結出最甘美的果子。「如果你快樂地去迎接每個日子，生

活中便會散發出一種香味來，像新開的花和香草一樣——這便是你的成功。一切自然界都來慶賀你，你也有所理由的來祝福自己。」

但你要如何才能「快樂地」去迎接每個日子呢？那便是你能夠將你的心靈寄托在一種事物上，一個工作上，從它們身上，你獲得了生命的保證，知道了生命的定義，明白你在這世界上並不是白白的來走一趟，你的心中仍感到無限的快樂。

春光正爛漫在每一條小徑上，如同閃爍在你生命的路途上。你一定曾到附近或遠處的原野裡去欣賞過初春為你佈置的畫廊了。

心靈絮語：

花季雨季，這個年齡對於青少年來說是苦澀混合甜蜜的年齡。可也是一片凝固的記憶，一筆豐富的財產。偶爾遙憶，重溫舊夢，就是去重賞昔日生活的點點滴滴，描繪而成的一幅風景畫，充實而豐富。

年輕的時候，我們還是應該好好地去充實我們的生命。

一套美麗的藍色洋裝

艾米莉是一個十二歲的小女孩。她家所在的蓋特街又髒又亂——住在這兒的人都沒多少錢，窮人的要求是不多的。

艾米莉的爸爸有時能找到打零工的機會，有時又得為找工作而奔波。他們的屋子已經好多年都沒有油漆粉刷了，院子裡連自來水也沒有，蓋特街的住戶只好到街角的水栓那兒去提水。

街上的景象也很落後：沒有人行道，沒有路燈，街道一頭的鐵路線給這兒增添了更多的嘈雜聲和塵土。

春天來了，別的街上去學校讀書的小女孩們，都穿上了漂亮的新衣裳。但是，艾米莉還是穿著那件她已穿了一整個冬季的髒外套。

別人猜測，也許，她只有這一身衣服？

艾米莉的老師深深地歎了口氣：多優秀的小女孩啊！艾米莉對課業認真用功，又懂禮貌，見了人總是笑瞇瞇的。可惜，她的臉從來都不洗，還有一頭蓬亂的頭髮。

一天，老師對艾米莉說：「明天你來上學以前，請你為我洗洗你自己的臉，好嗎？」

老師看得出，她是個漂亮的小女孩。

第二天，艾米莉洗乾淨了臉，還把頭髮梳得整整齊齊的。放學時，老師又對她說：「好孩子，請媽媽幫你洗洗衣服吧！」

可是，艾米莉還是每天穿著那身髒衣服來上學。

「她的媽媽可能不喜歡她？」老師想。

於是，老師去買了一套美麗的藍色洋裝，送給了艾米莉。艾米莉接過這禮物，又驚又喜，她飛快地向家裡跑去。

第二天，艾米莉穿著那套美麗的衣服來上學了，她又乾淨又整齊，她興高采烈地對老師說：「我媽媽看我穿上這身新衣服，嘴巴都張得大大的。爸爸出門去找工作了。」

艾米莉的爸爸看到穿著新衣服的女兒時，他不禁暗暗的說：「真沒想到，我的女兒竟然這麼漂亮！」

當全家人坐下吃飯時，他又大吃了一驚：桌子上鋪了桌布！家裡的飯桌上從來沒用過桌布。

他不禁問：「這是為什麼？」

「我們要整潔起來了。」他的妻子說，「又髒又亂的屋子與我們這個乾淨漂亮的小寶貝太不相稱了。」

晚飯後，艾米莉的媽媽就開始擦洗地板，爸爸站在一旁看了一會兒，就不聲不響地拿起工具，到後院修理院子的柵欄去了。第二天晚上，全家人開始在院子裡開闢一個小花園。

第二個星期，鄰居開始關心地看著艾米莉家的活動。接著，他們也開始油漆自己那十多年來未曾動過的房屋了。

這兩家人的活動引起了更多的人的注意，於是，有人向政府、教會和學校呼籲：應該幫助這條沒有人行道、沒有自來水的居民，他們的境況這樣糟，可是他們仍然在盡力創造一個美好的環境。

幾個月後，蓋特街簡直變得讓人認不出來了。修了人行道，裝上了路燈，院裡接上了自來水。

艾米莉穿上她的新衣服的六個月後，蓋特街已經是住著友好的、可敬的人們的整潔街道了。

得知蓋特街變化的人們管這叫「蓋特街的整潔化」，這個奇蹟愈傳愈

遠。當老師送給一個小女孩一套藍色的新衣裳時，怎麼會去料想到會引起這種奇蹟呢？

心靈絮語：

其實，要改善我們的生活處境有時並不難，難的是邁出關鍵的第一步。有一個好開頭，接下來的事就順理成章了。

快樂籐需要快樂的根

整個春季和夏季乾旱得連飲用的水都很難取得了；莊稼快成熟需要陽光的時候，卻風雨交加。天災人禍使小鎮的村民們浮躁不安，悶悶不樂。

村長召喚來一位身強體壯的年輕人，吩咐道：「聽說終南山一帶出產一種快樂籐，凡得此籐者，皆喜形於色，不知煩惱，你速去採吧！」

備足乾糧，配齊鞍轡，年輕人告別鄉里，策馬揚鞭，日夜兼程一路風塵朝終南山飛馳而去。

水沛草美的終南山麓，年輕人發現一處籐蘿纏繞的小屋，一位老師傅正辛勤地工作著。他身穿布衣而無怨，腹裏野菜而無悔，面掛喜色，不知疲倦。年輕人畢恭畢敬上前詢問：「師傅，這些籐蘿真的能使您快樂嗎？」

「當然。」

「可以送些給我嗎？」

「沒有問題。不過快樂不能僅憑借幾株籐蘿，關鍵是要具備快樂的根。」

「埋在泥土中的根嗎？」

「不，埋在心中的根——那就是堅韌、頑強、執著、刻苦、純樸的特質。」

心靈絮語：

真正的快樂不是來自於外界，而是來自於我們的自身和內心。到外界尋求快樂，不如從自身努力，培養快樂的心態和習慣。

一切都是安排好的

從前有一個國家，地不大，人不多，但是人民過著悠閒快樂的生活，因為他們有一位不喜歡做事的國王和一位不喜歡做官的宰相。國王沒有什麼不良嗜好，除了打獵以外，最喜歡與宰相微服私訪民隱。

宰相除了處理國務以外，就是陪著國王下鄉巡視，如果是他一個人的話，他最喜歡研究宇宙人生的真理，他最常掛在嘴邊的一句話就是「一切都是最好的安排」。

有一次，國王興高采烈的到大草原打獵，隨從們帶著數十條獵犬，聲勢浩蕩。國王的身體保養得非常好，筋骨結實，而且肌膚泛光，看起來就有一國之君的氣度，隨從看見國王騎在馬上，威風凜凜地追逐一頭花豹，都不禁讚歎國王勇武過人！花豹奮力逃命，國王緊追不捨，一直追到花豹的速度減慢時，國王才從容不迫彎弓搭箭，瞄準花豹，嗖的一聲，利箭像閃電似的，一眨眼就飛過草原，不偏不倚鑽入花豹的頸子，花豹慘嘶一聲，仆倒在地。

國王很開心，他眼看花豹躺在地上許久都毫無動靜，一時失去戒心，居

然在隨從尚未趕上時，就下馬檢視花豹。

誰想到，花豹就是在等待這一瞬間，使出最後的力氣，突然跳起來向國王撲過來。國王一愣，看見花豹張開血盆大口咬來，他下意識地閃了一下，心想：「完了！」

還好，隨從及時趕上，立刻發箭射入花豹的咽喉，國王覺得小指一涼，花豹就悶不吭聲跌在地上，這次真的死了。

隨從忐忑不安走上來詢問國王是否無恙，國王看看手，小指頭被花豹咬掉小半截，血流不止，隨行的御醫立刻上前包紮。雖然傷勢不算嚴重，但國王的興致全被破壞光了，本來國王還想找人來責罵一番，可是想想這次只怪自己冒失，還能怪誰？所以悶不吭聲，大夥兒就黯然回宮去了。

回宮以後，國王越想越不痛快，就找了宰相來飲酒解愁。宰相知道了這事後，一邊舉酒敬國王，一邊微笑說：「大王啊！少了一小塊肉總比少了一條命來得好吧！想開一點，一切都是最好的安排！」

國王一聽，悶了半天的不快終於找到宣洩的機會。他凝視宰相說：「嘿！你真是大膽！你真的認為一切都是最好的安排嗎？」

宰相發覺國王十分憤怒，卻也毫不在意說：「大王，真的，如果我們能夠超越自我一時的得失成敗，確確實實，一切都是最好的安排。」

國王說：「如果我把你關進監獄，這也是最好的安排？」

宰相微笑說：「如果是這樣，我也深信這是最好的安排。」

國王說：「如果我吩咐侍衛把你拖出去砍了，這也是最好的安排？」

宰相依然微笑，彷彿國王在說一件與他毫不相干的事。「如果是這樣，我也深信這是最好的安排。」

國王勃然大怒，大手用力一拍，兩名侍衛立刻近前，國王說：「你們馬上把宰相抓出去斬了！」侍衛愣住，一時不知如何反應。國王說：「還不快點，等什麼？」侍衛如夢初醒，上前架起宰相，就往門外走去。國王忽然有點後悔，他大叫一聲說：「慢著，先抓去關起來！」宰相回頭對他一笑，說：「這也是最好的安排！」

國王大手一揮，兩名侍衛就架著宰相走出去了。

過了一個月，國王養好傷，打算像以前一樣找宰相一塊兒微服私巡，可是想到是自己親口把他關入監獄裡，一時也放不下身段釋放宰相，歎了口氣，就自己獨自出遊了。

走著走著，來到一處偏遠的山林，忽然從山上衝下一隊臉上塗著紅黃油

彩的蠻人，三兩下就把他五花大綁，帶回高山上。國王這時才想到今天正是滿月，這一帶有一支原始部落，每逢月圓之日就會下山尋找祭祀滿月女神的犧牲品。他哀歎一聲，這下子真的是沒救了。其實心裡卻很想跟蠻人說：「我乃這裡的國王，放了我，我就賞賜你們金山銀海！」可是嘴巴被破布塞住，連話都說不出口。

當他看見自己被帶到一口比人還高的大鍋爐，柴火正熊熊燃燒，更是臉色慘白。大祭司現身，當眾脫光國王的衣服，露出他細皮嫩肉的龍體，大祭司嘖嘖稱奇，想不到現在還能找到這麼完美無瑕的祭品！

原來，今天要祭祀的滿月女神，正是「完美」的象徵，所以，祭祀的牲品醜一點、黑一點、矮一點都沒有關係，就是不能殘缺。

就在這時，大祭司終於發現國王的左手小指頭少了小半截，他忍不住咬牙切齒咒罵了半天，忍痛下令說：「把這個廢物趕走，另外再找一個！」脫困的國王大喜若狂，飛奔回宮，立刻叫人釋放宰相，在御花園設宴，為自己保住一命、也為宰相重獲自由而慶祝。

國王一邊向宰相敬酒說：「宰相，你說的真是一點也不錯，果然，一切都是最好的安排！如果不是被花豹咬一口，今天連命都沒了。」

宰相回敬國王，微笑說：「賀喜大王對人生的體驗又更上一層樓了。」過了一會兒，國王忽然問宰相說：「我僥倖逃回一命，固然是『一切都是最好的安排』，可是你無緣無故在監獄裡蹲了一個月，這又怎麼說呢？」

宰相慢條斯理喝下一口酒，才說：「大王！您將我關在監獄裡，確實也是最好的安排啊！您想想看，如果我不是在監獄裡，那麼陪伴您微服私巡的人，不是我還會有誰呢？等到蠻人發現國王不適合拿來祭祀滿月女神時，誰會被丟進大鍋爐中烹煮呢？不是我還有誰呢？所以，我要為大王將我關進監獄而向您敬酒，您也救了我一命啊！」

心靈絮語：

生活中有高潮也有低谷，人生中有得也有失。對得失成敗抱持豁達的態度，辯證地看待問題，認為一切都是最好的安排，就少了許多挫折感，生活就會格外輕鬆愉快。

一個泰然處之的老先生

一個看似平常的早晨，一位文質彬彬的老先生起了床，他打開臥室的窗，讓陽光照進來。有一隻本來在陽台上打瞌睡的黑寡婦蜘蛛卻乘此機會直對他下毒手。雖然蜘蛛最終未能得逞，但它差一點就要了老先生的命。

老先生下樓去用早餐。他正準備坐下來享用豐盛的早餐，他的孫子，一個名叫伯特的小男孩，卻突然把椅子從他屁股底下抽走，害得老先生坐了個空。屁股痛的爬不起來，所幸的是沒有傷著骨頭。

街尾有一個被老人視為海中綠島的小公園，裡面長滿了樹。老先生一瘸一拐地朝公園走去，迎面滾過來一隻色彩鮮艷的大鐵環，把老先生絆了一跤。

鐵環的主人是一個不太討人喜歡的小女孩。她幾乎是故意的卻又滿不在乎，好像無事一樣。老先生跛著腳繼續朝前走。過了一個街區，一個強盜突然出現在老先生面前，用槍頂著老先生的肋骨。老先生面對這光天化日下的強盜，好像是吃了一驚，但同時又似乎早有所料。

「舉起手來，老弟。」強盜命令他，「把錢交出來。」

老先生順從地舉起手來，交出了他的手錶，錢和一枚金戒指。那戒指是他小的時候母親給他的。

老先生好不容易搖搖晃晃地走到了小公園——他的源泉和聖地。但他發現，這裡的樹有一半死於乾枯萎病，另一半死於一種蟲害。樹上的葉子全都掉光了。老先生無遮無擋地站在那裡，成了天空中突然出現的百架飛機轟炸瞄準的理想目標。

心靈絮語：

人生有很多不如意的時候，這時，似乎不論你幹什麼都面臨著霉運。當人力無法改變環境和生活的時候，就只能努力泰然處之了。

上帝的評分

有三個商人死後去見上帝，討論他們在塵世中的功績。

第一個商人說：「儘管我經營的生意幾乎破產，但我和我的家人並不在意，我們生活得非常幸福快樂。」上帝聽了，給他打了五十分。

第二個商人說：「我很少有時間和家人待在一起，我只關心我的生意。我死之前，是一個億萬富翁！」上帝聽罷默不作聲，也給他打了五十分。

這時，第三個商人開口了：「我在塵世時，雖然每天忙著賺錢，但我同時也盡力照顧好我的家人，朋友們很喜歡和我在一起，我們經常在釣魚或打高爾夫球時，就談成了一筆生意。活著的時候，人生多麼有意思啊！」

上帝聽他講完，立刻給他打了一百分。

心靈絮語：

不會欣賞和享受每日的生活是現代人最大的悲哀。太多的人忙於奔波，為了賺錢而無意中預支了「此刻的生活」。這種狀況應該及時得到修正。

學會感恩把愛
傳遞給身邊的人

感恩，不是為求得心理平衡，喧鬧的片刻答謝，
而是發自內心的無言的永恆回報。
學會感恩，因為這會使世界更美好，使生活更加充實。

為妹妹輸血的男孩

男孩與他的妹妹相依為命。父母早逝，她是他唯一的親人。所以男孩愛妹妹勝過愛自己。

然而災難再一次降臨在這兩個不幸的孩子身上。妹妹染上重病，需要輸血。但醫院的血液太昂貴了，男孩沒有錢支付任何費用，儘管醫院已經免去了手術費，但不輸血妹妹仍會死去。

作為妹妹唯一的親人，男孩的血型和妹妹相符。醫生問男孩是否勇敢，是否有勇氣承受抽血時的疼痛。男孩開始猶豫，十歲的大腦經過一番思考，終於點了點頭。

抽血時，男孩安靜地不發出一絲聲響，只是向著鄰床的妹妹微笑。抽血完畢後，男孩聲音顫抖地問：「醫生，我還能活多長的時間？」

醫生正想笑男孩的無知，但轉念間又被男孩的勇敢感動了：在男孩十歲的大腦中，他認為輸血會失去生命，但他仍然肯輸血給妹妹。在那一瞬間，男孩所做出的決定是付出了一生的勇敢，並下定了死亡的決心。

醫生的緊握著男孩的手說：「放心吧！你不會死的。輸血不會失去生命！」

男孩眼中綻放出了光彩：「真的？那我還能活多少年？」

醫生微笑著，滿是心疼的說：「你能活到一百歲，小伙子，你很健康！」男孩高興得又蹦又跳。

當他確認自己真的沒事時，就又挽起胳膊——剛才被抽血的胳膊，昂起頭，鄭重其事地對醫生說：「那就把我的血抽一半給妹妹吧！我們兩個每人活五十年。」

心靈絮語：

孩子的愛，有時更加純潔和感人。

站在我的影子裡

炎熱的八月。
炎炎烈日下一條剛剛完工的公路上。
我聽到了一個小女孩與一個小男孩的一段感人的對話。
小女孩年約十一二歲，小男孩年約四五歲，他們大概是對姐弟吧！
驕陽下，他們的衣服全都被汗水濕透了。
弟弟：「姐姐，我好熱。」
姐姐：「是好熱，姐姐也熱。」
弟弟：「我不要繼續曬下去了！」
姐姐：「這是新修的公路，哪裡有休息的地方？」
弟弟：「那咱們找棵樹，乘乘涼吧！」
姐姐：「公路邊還沒種樹，哪裡去找樹呀？」
弟弟：「那不管，反正我不要曬！我不要曬嘛！」
姐姐：「姐姐哪有辦法，讓你不曬呀？」

弟弟：「不管，反正我不要曬嘛！」

姐姐沉思了好一會兒，突然說了一句：「那你就站到我的影子裡吧！」

說著，她彎下腰，把小弟弟攬進了自己的影子裡。

心靈絮語：

愛表現在一舉一動中，隨時隨地你都可以表現出你的愛。

打給媽媽的電話

不知道是因為她來來回回的走動和忐忑不安的神情，還是她身上的紅裙子特別鮮艷，引起了老張的注意，他抬頭看了看這個十五六歲的女孩子，並叫住了她：「喂！小妹妹，你要買雜誌嗎？」

「不，叔叔，我……我想打電話……」

「哦，那你打吧！」

「謝謝叔叔，長途電話也可以打嗎？」

「可以！國際長途都可以打。」

小女孩小心翼翼地拿起話筒，認真地撥著號碼，善良的老張怕打擾女孩，索性裝成看雜誌的樣子，把身子轉向一側。小女孩慢慢地從慌亂中放鬆下來，她已經開始說話了：「媽……媽媽！我是小莉，您好嗎？媽，我隨叔叔來到了台南，上個月叔叔發工資了，他給了我一千塊錢，我已經把錢放在了枕頭下面，等我湊足了一萬塊，就寄回去給弟弟們繳學費；等以後賺了更多的錢，再給爸爸買一台耕耘機。」

小女孩想了一下，又說：「媽，我告訴你，我在叔叔的工廠裡每天都可以吃到肉，我都吃胖了，媽媽請您放心吧！我會照顧自己的。哦！對了，媽媽，前天這裡的一位阿姨給了我一條紅裙子，現在我就是穿著這條裙子給你打電話的。媽媽，叔叔的工廠裡還有電視可以看，我最喜歡看學校裡小朋友讀書的節目……」

突然，小女孩的語調變了，不停地用手擦著眼淚，「媽，你的胃還經常疼嗎？你那裡花開了嗎？我好想家，想弟弟，想爸爸，也想你，媽，我真的真的好想你，做夢都經常夢到你呀！媽媽……」

女孩子再也說不下去了，老張愛憐地抬起頭看著她，女孩子慌忙放下話筒，慌亂中話筒放了幾次才放回到話機上。

「小妹妹啊，想家了吧？別哭了，有機會就回家去看看爸爸媽媽。」

「嗯，叔叔，電話費多少錢呀？」

「沒有多少，你可以跟媽媽多說一會兒，一分鐘才五毛錢。」

老張習慣性地往櫃檯上的話機望去，電子顯示螢幕上竟然沒有收費顯示，女孩的電話根本沒有打通！

「哎呀，小妹妹，你得重新打，剛才，你的電話沒有接通……」

「嗯，我知道，叔叔！」

「其實……其實我家根本沒有電話。」

老張疑惑地問道：「那你剛才不是和你媽媽說話了嗎？」

小女孩終於哭出聲來：「其實我也沒有媽媽了，我媽媽已經去世兩年多了……每次我看見別人給家裡打電話，我就很羨慕他們，我真的很想和他們一樣，也給媽媽打打電話，跟媽媽說說話……」

心靈絮語：

失去了媽媽的孩子，才會更覺得母愛的異常珍貴。

一輛電動輪椅

新年將近，郵局的工作人員黛妮西尼．羅茜正在閱讀所有寄給聖誕老人的一千封信件時，發現只有一個名叫約翰．萬古的十歲兒童，在信中沒有向聖誕老公公要他自己的禮物。

信中寫道：「親愛的聖誕老公公，我想要的、唯一的一樣禮物，就是給我媽媽一輛電動輪椅。她不能走路，雙手也沒有力氣，不能再使用那輛兩年前慈善機構贈予的手動輪椅。我是多麼希望她能到戶外看我玩遊戲呀！你能滿足我的願望嗎？愛你的約翰．萬古。」

羅茜讀完信，忍不住落下淚來。她立即決定為居住在巴寧市的萬古和他的母親——三十九歲的維多利亞．柯絲萊盡些力。

於是，她拿起了電話，接著奇蹟般的故事就發生了：

她首先打電話給加州雷得倫斯市一家名為「行動自如」的輪椅供應商。商店的總經理襲迪．米倫達又與位於紐約州布法羅市的輪椅製造廠——福郤拉斯公司取得了聯繫。

這家公司當即決定贈送一輛電動輪椅，並且在星期四運送到，還要在車身上放一個作為聖誕禮物的紅色蝴蝶結。

顯然，他們也是聖誕老人的支持者。

星期五，這輛價值三千美元的輪椅，送到了萬古和他媽媽居住的一座小公寓門前。在場的有十多位記者和前來祝福的人們。

萬古的媽媽哭了。

她說道：「這是我這一生中所度過的最美好的聖誕節。今後，我不再終日困居在家中了。」

她和兒子都是在一次車禍中致殘的。由於她的脊椎神經受損嚴重，她得依靠別人扶著坐上這輛灰白色的新輪椅，在附近的停車場上進行試車。

贈送輪椅的福卻拉斯公司的代表奈克・德斯說：「這是一個一心想到媽媽而不是自己的孩子。他讓我們感到，應該為他做些事。有時，金錢並不意味著一切。」

郵局工作人員同時也贈送給他們食品以及顯微鏡、噴射飛機模型、電子辭典等禮物。

萬古把其中一些食品裝在盒子內，送給樓下的鄰居。

對此，萬古解釋說：「把東西送給那些需要的人們，會使我們感到快樂。媽媽說，應該時時如此，也許天使就是這樣來考驗人們的。」

心靈絮語：

優先考慮到別人的利益和需要是一種高尚的行為，這裡面也包括自己的親人，自己的媽媽。

告訴父親，你愛他

下班後，當約翰回家走進客廳，十二歲的兒子抬頭望著他說「我愛你」的時候，他竟無言以對。足足有幾分鐘，約翰站在那裡，打量著兒子，等著他說下去。

約翰首先想到的是：兒子肯定是想要我幫他做作業；要不然就是要我多給他點零用錢；再不然，就是他做了什麼壞事，卻裝著很善良的樣子來告訴我。

終於，約翰問道：「你想幹什麼？」

兒子笑著跑了出去。

約翰叫住他：「喂，到底是怎麼啦？」

「沒什麼。」兒子嬉皮笑臉地說，「我們健康教育老師要我們對父母親說『我愛你們』，看父母怎樣回答我們，這是個實驗。」

第二天，約翰跟兒子的老師通了電話，想知道這「實驗」究竟是怎麼一回事。

說實話，他更想知道其他孩子的家長是什麼反應。

「大多數的父親都跟你的反應一樣。」兒子的老師說，「當我第一次提出這個建議的時候，我問孩子們，父母會怎樣回答呢？他們都笑了起來。有兩個學生說，他們肯定會嚇出心臟病。」

也許，有些家長會反對老師這種做法。

一個國中的健康教育老師最好還是去告訴孩子們多注意飲食的均衡，以及青春期的生理變化等等，「我愛你」跟健康教育老師有什麼相關？這是父母和孩子們之間的私事，別人管不著。

老師解釋說：「問題在於，感覺到被愛是身體健康的一個重要環節，這是人類的需要，我一直在灌輸孩子們正確的觀念，不把這種感情表達出來是很不好的，不僅僅是大人對孩子，男孩對女孩，而且，一個男孩子也應該能對他的父親說句『我愛你』。」

這位中年男教師很能夠理解現代人的心態，有些話明知道很好，但又很難說出口。我們當中有許多人都是這樣，疼愛我們的父母親把我們撫養成人，卻從沒有用嘴說個「愛」字，而我們正是跟隨著長輩們的做法來對待我們的孩子。

那天晚上，當兒子用那種一天比一天敷衍的口吻向約翰道晚安時，他抓住了兒子，回了他兩個吻。

沒等兒子逃掉，約翰用男子低沉的聲調對他說：「喂，我也愛你。」

約翰確實感到心裡很舒服。

心靈絮語：

感覺到被愛是身體健康的一個重要環節，這是人類的需要，趕快告訴你的親人「我愛你」吧！

一張哥哥的照片

媽媽的臥室裡掛著一張相片：一位年輕的軍人，一張似乎經歷過風霜卻又純真的臉上帶著微笑。

照片的下面寫著：「speaking?」（說話嗎？）

「難道那個軍人叫『斯比克』嗎？」有一天，亨特問道。

「那不是他的名字，」媽媽笑著說，「他叫哈羅德，是我的哥哥，我唯一的哥哥。戰爭爆發前，他才十八歲，我十二歲，還有我的兩個妹妹，一個十歲，另一個九歲，哈羅德喜歡和我們一起玩遊戲……」

「你們會吵架嗎？」

「我們經常吵架，那就是『speaking』的由來。吵架時，我們就說：『我不和你說話了。』但是，小孩子最容易忘掉不愉快的事，很快我們便又高興的玩了起來，每次都是哈羅德先說：『speaking?』然後我們便說：『好吧！只這一次。』」

媽媽停頓了一下，接著又說道：「戰爭爆發後，哈羅德入了伍，一個月後，他回來看我們，並且把那支比他矮不了多少的槍拿給我們看，之後，他便到很遠的地方去打仗，三年過去了，他音訊全無，我們都很想念他，想念之餘還有幾分擔心……但是五月的一天，忽然傳來一陣很響的敲門聲。」

「我跑去開門，天哪！是哈羅德，那是成熟的哈羅德。他已經長成了一個男子漢，他微笑著，用他那雙綠眼睛看著我，那微笑和以前一樣，絲毫未變，接著他說了一聲：『speaking？』」

「我忍不住撲進他的懷裡，緊緊地擁抱他。他放下槍，把我抱起來，轉了一圈，我看到他眼中微笑的淚水，他僅僅和我們相聚一個月，那個月是我一生中最短的一個月，在我們把過去的遊戲全玩遍之後，他又返回戰場，臨走前，留給我一張照片——就是你現在看到的這張。」

「自那次以後，我們再也沒有見到過他。不久，一張陣亡的通知書寄到家裡，我便把這句話寫在了這張照片的下面。」

心靈絮語：

人生苦短，和親人愉快相處的日子更是非常有限，與其被小的恩怨糾纏，不如更傾心地親密相處。

他就是救我的那個人

一個失去雙親的小女孩與奶奶相依為命，住在樓上的一間臥室裡。一天夜裡，房子起火了，奶奶在搶救孫女時被火燒死了。大火迅速蔓延，一樓已是一片火海。

鄰居已呼叫過消防車，大家都無可奈何地站在外面觀望，火焰封住了所有的出口。小女孩出現在樓上的一扇窗口，哭叫著救命，人群中散佈著消息：消防隊員正在撲救另一場火災，要晚幾分鐘才能趕來。突然，一個男人扛著梯子出現了，梯子架到牆上，人鑽進火海之中。他再次出現時，手裡抱著小女孩，當他把孩子交給了下面迎接的人群後，男人消失在夜色之中。

調查發現，這孩子在世上已經沒有親人了，幾周後，鎮長召開群眾會，商議誰來收養這孩子。一位教師願意收養這孩子，說她保證讓孩子受到良好的教育。

一個農夫也想收養這孩子，他說孩子在農場會生活得更加健康愜意。其他人也紛紛發言，述說把孩子交給他們撫養的種種好處。

最後，鎮上最富有的居民站起來說話了：「你們提到的所有好處，我都能給她，並且能給她金錢和金錢能夠買到的一切東西。」從始至終，小女孩一直沉默不語，眼睛望著地板。

「還有人要發言嗎？」會議主持人問道。

一個男人從大廳的後面走上前來，他步履緩慢，似乎在忍受著痛苦。他徑直來到小女孩的面前，朝她張開了雙臂。人群一片嘩然，他的手上和胳膊上佈滿了可怕的傷疤。

孩子叫出聲來：「這就是救我的那個人！」她一下子跳起來，雙手死命地抱住了男人的脖子，就像她遇難的那天夜裡一樣。她把臉埋進他的懷裡，抽泣了一會兒，然後，抬起頭，朝他笑了。

「現在散會。」會議主持人宣佈道……

心靈絮語：

真正的愛心，比一切財富都重要。

無情未必真豪傑

月光如水。

槍刺在月光下閃爍出一道寒光。士兵威嚴地站立在哨位上。

將軍踏著月光走來，身後跟著一群陪同和隨從人員，哨兵精神抖擻的迎接將軍的到來。

將軍打量了一下哨兵，以幾十年戎馬生涯鑄就的威嚴口吻發問：「想不想家呀？」

「報告長官，為了國家，不想家！」

「放屁！」將軍劍眉一豎，大聲斥責。

哨兵的腿發抖了。他知道，眼前這位威嚴的將軍是戰爭年代被稱為「常勝將軍」的司令官。

「捍衛國家就不要家了？沒有家哪來的國？連家都不想了怎麼保國？大話、空話、假話！」

隨行的人全都嚇傻了。在這專制政治的年代，誰敢說這樣的話？

「不想家的兵不是好兵。」將軍看出了哨兵的緊張，走上前去，拍了拍他還稚嫩的肩膀，「記著，要想著家裡的父老，才能對得起肩上的鋼槍。」將軍走了。士兵的眼睛紅了。不由悄悄將手伸進褲子的口袋裡，摸了摸那封已看了無數次的家書。

心靈絮語：

無情未必真豪傑。心中自有情，但理智要能夠戰勝感情。

讓人永遠銘記的管家

不知有多少年，旁人提起斯卡沃托家，總說是「有梅達的那家人」，從不說出他們的姓氏。在街坊鄰里的眼中，梅達是一個傳奇人物。沒有人能夠明白，斯卡沃托的母親怎麼能與她相互理解、朝夕相處。斯卡沃托和哥哥也都很怕她。

然而，梅達以她自己特有的方式，教會了他們去信任人、愛人和忠實至誠。在這方面，任何書籍、任何學校和斯卡沃托所認識的任何人都望塵莫及。

在斯卡沃托出生之前很久，梅達便已是他家的管家。她有一張表情嚴厲的臉，藍色的眼睛銳利逼人，一頭稀疏的灰髮梳得緊緊地盤成一個髮髻。梅達來自德國，儘管她在美國度過了四十個年頭，但她依然講不好英語，一開口就錯誤百出。

她總是不斷地提醒斯卡沃托，她在青春年少時是如何如何的美麗動人。她堅決的認為，是斯卡沃托一家，特別是他和他的哥哥愛德華，才使她「變得又瘦又醜」。她常常會骨碌碌地轉著眼睛，高舉雙手喊叫起來，「哎喲！我在這兒受多大的罪呀！」不過，儘管天天怨聲不絕，梅達在斯卡沃托家卻住了三十四年。

梅達討厭吸煙和飲酒，尤其討厭愛德華的那群哥們朋友。在他上大學的時候，每當週末，愛德華總要帶上幾位朋友回來。如果碰巧父母到鄉下去了，梅達就會滿屋子亂竄，把所有的玻璃杯、煙灰缸和啤酒一股腦兒收拾起來，藏到某個十分隱祕的地方去。

他用這個辦法來掃那幫年輕人的興。這種舉動往往招來一場爭端、訓誡和可怕的威脅。不過，到了後來，梅達總會先軟化下來，勉強自己去取回那些藏匿起來的寶貝。

梅達臥室裡最為隱祕的一角擺著她的一隻大箱子。她時刻十分警覺地守護著這只上了兩道鎖的箱子。包括斯卡沃托的母親在內，誰也不曾見到過箱內的東西。

梅達每年都堅決的表示，要打點一切行李回到「德國」去。從斯卡沃托四歲時起，直到過了他的二十六歲生日，他每年都聽到她說要回去。梅達不停的嘮叨著，由於他們大家給她帶來這麼多的麻煩，她到四月份非走不可；

她越來越老啦；德國的食品要比這兒新鮮多啦，如此等等。不過，到了四月份，梅達又沒有了去意。

「我決定七月份走，」她會說，「四月份太冷啦！」

而七月份又太熱了，「因此我要到八月份走，那時路上的旅客也不會太擁擠。」

等到了八月份，節日一個緊接一個地來臨，這樣，她認為至少得拖到新年之後再動身。

等到一月份，「雪太多啦！」如此週而復始又回到了四月份，延期動身的宣言又得從頭開始。

有一次梅達和斯卡沃托的母親發生了一場激烈的爭執，她真的去了一趟移民局。可是「那兒排了這麼長的隊伍，我的腳站得都發麻了，再也無法等下去啦……」如此這般，她還是在他家繼續留了下來。但依然計劃著四月份返回故鄉。

那年夏天，她終於真的啟程回德國去看望她的侄子侄孫們了，其中有不少人梅達連一次都未曾見過。回到家鄉，她很快就得了病，不久就去世了。噩耗傳來，斯卡沃托和哥哥都無法接受。誰也不相信梅達會死，她是不可能倒下的，梅達應該永遠存在。

斯卡沃托難以相信，自己生命中的這一部分會被分離而去。在那樣一個遙遠的國度，在她彌留之際，周圍沒有任何一個人去告訴她，斯卡沃托一家是多麼想念她，多麼希望她能夠早日康復。

斯卡沃托和母親終於鼓足勇氣，走進梅達的房間，心情憂傷地收拾她的東西。此時此刻，他們比以往任何時候，都更加強烈地感覺到她的存在，更加傷痛地感受到她的離開對生活所造成的創傷。梅達一直嚴加保護的那只大箱子靜靜地立在屋角。

可是十分怪異，那箱子居然沒有上鎖。斯卡沃托曾經十分好奇地想知道箱子裡藏著什麼東西，可是現在，他卻懷著異常抑鬱的心情，十分勉強地趨步向著大箱子挪近。他們打開箱蓋，想尋找一下，是否有什麼可以寄給她的德國親人。然而，那裡面的一切卻全是留給他們的紀念物品。

箱子裡珍藏的寶物令斯卡沃托心酸涕零，裡面有他和哥哥在每個不同年齡時的照片，一段他很小時玩過的跳繩……這麼多的歲月裡他們送給她的所有禮物，都被梅達用薄棉紙精心包好，用絲帶一一紮好。

斯卡沃托和母親俯著腰，就這麼一件又一件地整理著與他們的生命各階段密切相關的物品。

翻到箱子底部，他們發現了一隻很大的裝有拉鏈的皮盒子。它實在太沉重，斯卡沃托和母親簡直難以把它從箱底取出。

皮盒子上用別針釘著一張紙條，上面有幾行十分簡單的文字：留給愛德華和斯卡沃托我所有的錢財，梅達。」

皮盒子裡總共裝有六百美元，這是她一個銅板又一個銅板地積存了四十年的全部財產。斯卡沃托一家在每年聖誕節和她每年的生日裡贈送給她的每一枚銀幣、每一塊美元，都依然裹在原先的卡片紙裡！

心靈絮語：

真摯的情感，不是只在有血緣關係的人之間或情侶之間才能建立起來。很多感人至深的故事，就發生在一些普普通通的人身上。

按月付費買鋼琴的人

多年以前，當我還是個二十多歲的小伙子時，我在路易斯街的一家鋼琴公司當銷售員，我們透過在全州各小城鎮的報上以登廣告的方式銷售鋼琴。當我們收到足夠的回函時，就駕著裝滿鋼琴的小貨車到顧客指定的地方去銷售。

每一次我們在棉花鎮刊登廣告時，都會收到一張寫著「請為我的孫女送來一架新的鋼琴，必須是紅木的。我會用我賣蛋的錢按月付給你們十塊錢」的明信片。

可是，我們不可能將鋼琴賣給每個月只能付十塊錢的人，也沒有一家銀行願意和收入這麼少的人家接觸，所以，我們並沒有把她寄的明信片當一回事。直到有一天，我恰巧到那個寄明信片的老婦人住家附近，我決定到她們家去看看。我發現了很多始料未及的事：她住的那間岌岌可危的小木屋位於一片棉花田的中央。木屋的地板很髒，雞舍也在屋子裡面，看起來她顯然不會有申請信用卡的可能性，她既沒有車、電話，也沒工作。她所擁有的只是她頭頂上稍嫌破爛的屋頂。

然而在白天，我可以穿過它看到很多地方。她的孫女大約十歲左右，打著赤腳，穿著麻布做的洋裝。

我向老婦人解釋我們無法以每個月償還十塊錢的方式，賣給她一架全新的鋼琴，但是這種解釋似乎對她沒什麼用處，她繼續每隔六周就寄明信片給我們，一樣是求購一架新的紅木鋼琴，並且發誓她每個月一定會付十塊錢給我們。

這一切真是詭異。幾年後，我自己開了一家鋼琴公司，當我在棉花鎮刊登廣告時，我又收到那個老婦人寄來的明信片，一連好幾個月，我都沒有去理會它，因為除此之外，我別無他法。有一天，我恰巧又前往那個老婦人住的地區，我的小貨車上剛好有一架紅木的鋼琴。

儘管我知道自己做了一個很不好的決定，但我還是親臨她的小屋，並且告訴她我願意和她訂下契約，她可以以每個月付十塊錢、免利息、分五十二次償還的方式，購得她想要的鋼琴。我把新鋼琴搬到房子裡，並把它放在最不會遭雨淋的地方，在我的告誡下，小女孩把屋裡養的雞趕遠一點兒，然後我離開了。當然，我的心情就像剛剛遺失了一架新鋼琴一般。

老婦人允諾每個月要付的錢按時寄來，雖然有時候是把幾個銅板貼在明信片上付款，可是一如當初所約定的五十二次，一次也不少。

二十年後的某一天，我到曼非斯洽談生意，在假日飯店用完晚餐後，到飯店中的高級酒吧坐坐。當我坐在吧檯上點了一杯餐後酒時，我聽到身後傳來一陣優美的鋼琴聲，我轉頭看到一位可愛的年輕女子，彈了一手非常優美的鋼琴。

雖然我也算是一位不錯的鋼琴手，可是我被她的鋼琴聲給吸引住了，於是我拿起酒杯，走到她旁邊的桌子邊坐下仔細聆聽，她對著我笑，問我想聽什麼。中場休息時，她過來和我坐在一起。

「你是不是很久以前把鋼琴賣給我祖母的那個人？」她問我。

我的老天啊！她就是那個當年打著赤腳、穿著破爛麻布衣的小女孩！

心靈絮語：

良好的家庭環境並不是孩子成才的必要條件；有許多非常貧困的家庭，依靠對孩子的摯愛促使他們茁壯成長。

一束花所帶來的魔力

過年前，維斯在醫院住了一個月，在他住院的那段時間，他的同事為他分擔了所有的工作，不時來探望他，且送他花及卡片鼓勵他早點康復。當維斯出院回到公司上班時，更是受到同事們熱情的歡迎。在他返院複檢時，他們也依然很熱心地幫助他。他們對自己這麼好，維斯決定要好好地謝謝他們，以表達心中的感激。

一天午餐的時候，維斯拜會他最喜歡的花店老闆，且買了她擺在櫥窗裡的一束美麗的花。維斯要她幫自己送給在他住院時，特別關照自己的一位同事，且在卡片上寫著「只是因為」，卻不署名，並請求花店老闆為他保守祕密。

當維斯精心安排的花送達時，接到花的同事臉上看起來容光煥發。那天下午辦公室裡更是顯得興奮異常，每個人都很好奇她的愛慕者是誰，而只有維斯獨自在一旁很開心。

隔天午餐時，維斯又安排送給另一位很和藹可親的同事一束花，並且一樣只在卡片上留下「只是因為」幾個字。而第三天，維斯繼續如法炮製地送第三束花給另一位同事。

誰能想得到一束花所帶來的魔力啊！維斯製造的迷霧讓他的同事紛紛打電話，向花店詢問送花者是何許人也，他們都想知道那位不留名的愛慕者到底是何方神聖。但是，花店的老闆是那麼的貼心，竟沒有透露半點口風。

一種奇妙的氣氛籠罩著辦公室，整個部門的人都想盡辦法想要解開謎底。維斯的同事每天都在猜今天誰會收到花，而且都會對那天的幸運者投以羨慕的眼光。也因為送花竟能帶給辦公室這麼多的溫馨及快樂，這讓維斯欲罷不能。偶爾間，他聽到一位男同事說：「男人不喜歡花——真慶幸我沒有收到任何一束花。」

隔天，那位男同事便收到了一束同樣寫有「只是因為」的卡片及花，而當此事發生時，他的臉上因驚喜感而泛出開心的笑容。

送花的行為繼續讓辦公室充滿快樂的氣氛。每一天同事都在等待著維斯安排送來的花，且猜想下一位收到「只是因為」卡片的接收者，而送花小姐也和他們一樣，每天都很想知道下一位幸運者是誰。每天中午過後，維斯的同事都等著接花店打來的電話，通知他們誰是今天幸運的收花人。

隨著瀰漫在他們部門的歡樂及好奇也散播到了其他的部門時，喜悅滿溢了維斯的心，因為「只是因為」所帶來的喜悅，讓所有的人都感受到了快樂和被愛，而整件事整整持續了三個禮拜。

維斯永遠都不會忘記，同事們收到「只是因為」花束和卡片的特殊禮物時，臉上所泛出的笑容，沒有一件事能比得上他們回饋給他的和善與喜悅，使他更欣慰。

心靈絮語：

帶給別人歡樂和滿足，你也一定會得到同樣的回饋。

母親節的鮮花

五月的一個星期日，瑪麗頗感憂鬱。那天正好是母親節，可是她的雙親卻遠在八百英哩外的俄亥俄州……

那天早晨，她曾給母親打過電話，祝她老人家母親節快樂；而她母親在電話中提到，隨著春天的來臨，庭院裡顯得絢麗多彩。在她們談話的同時，這位年輕婦女幾乎嗅到了紫丁香那誘人的芬芳——那些花開在她娘家後門外的一株茁壯的丁香樹上。

後來，當她對丈夫喬治說起她是多麼想念那些紫丁香時，她丈夫即刻從椅子上站起來，說：「我知道哪兒能找到你要的東西，把孩子們帶上，走吧！」

於是，他們離開了家，開車沿著羅德島北部的鄉間道路行駛。這天，陽光明媚，晴空萬里，周圍一片嫩綠，充滿生機，令人心曠神怡——只有在五月中旬才能有這樣的天氣。

他們停車的道路兩旁，長滿了茂密的雪松、松柏和矮小的樺樹，卻看不見一株丁香。

喬治說：「跟我來。」他們剛爬到半山腰，就感到花香撲鼻。孩子們開始往上跑。緊接著，媽媽也跑起來了，她一口氣跑到了山頂。

在那裡，一株株亭亭玉立的丁香樹上開滿了碩大的、松果狀的花朵，壓得枝頭幾乎彎到地上。這些花遠離驅車旅行的遊人，也不受日益擴張的建築物侵襲。瑪麗微笑著奔向離她最近的那一株，把臉埋在花叢裡，盡情地汲取那迷人的芳香，陶醉在它所勾起的回憶之中。

她十分細心地這兒挑一枝嫩枝，那兒選一枝嫩枝，並用剪刀把這些嫩枝剪下來。她不慌不忙地欣賞著，好像每一朵花都是精美的稀世珍寶一樣。

最後，他們回到汽車裡，踏上了歸途。孩子們嘰嘰喳喳地說個沒完，喬治開著車，瑪麗則微笑著坐在那兒，周圍簇擁著鮮花，眼睛看著遠方，似乎在凝神遐想。

離家不到三英哩了。這時，瑪麗突然向丈夫喊道：「停車！就在這兒停車！」

喬治戛然刹住了車。他還沒有來得及問是怎麼回事，她已經跳下車，匆匆忙忙地往附近一個長滿野草的山坡上跑去，手裡依然捧著那簇丁香花。

原來，在這個山坡上設有一所療養院。這天春光明媚，所以病人紛紛走出來，有的和家屬們一起散步，有的坐在門廊上。

瑪麗跑到了門廊盡頭。在那裡，一位上了年紀的老婦人正坐在輪椅上。她獨自一人，耷拉著腦袋，背對著眾人。只見鮮花越過門廊欄杆，出現在這位老婦人的膝上。

這時她抬起頭，笑了。

兩個婦女聊了一會兒。兩人都由於十分高興而容光煥發。然後，瑪麗轉過身，跑回到她家人這邊來。

汽車開動了，輪椅上的老婦人招著手，揮動著花束。

「媽媽，」孩子們問道，「她是誰呀？您為什麼要把我們的花送給她呢？她是誰的媽媽？」

瑪麗說：「我並不認識那位老婦人。可是今天是母親節，而她又是那麼孤單。有誰看見花會不高興呢？再說，我有你們，我還有我的媽媽——雖然她離我很遠。但那位老奶奶比我更需要這些花。」

孩子們明白了。然而，喬治的心情卻不能平靜。

第二天，他買來六株丁香樹苗，栽在院子的四周。在那以後，他又陸續栽了許多株。

如今，每年五月份，他們家自己的院子裡都洋溢著丁香花的芳馨。每逢母親節，他們的孩子們都會採收那種紫色的花朵。

她年年都會記起掛在那位孤獨老婦人臉上的笑容。而每到這時，她的心裡就又充滿了使那位老婦人歡笑起來的那股柔情。

心靈絮語：

無私地帶給別人真摯的感情和歡樂，你才能真正體會到人生的美好。

愛滿心間

拉姆的媽媽非常喜歡喝草莓麥芽酒。當拉姆每次去看望她時，總是會帶上令她感到驚喜的這種「飲料」，她總是覺得十分興奮。晚年，母親得了老年癡呆症，住進了老年看護中心。

當拉姆意識到母親的身體狀況日益惡化時，就寫了一封表達感謝的信給她。拉姆寫了許多長久以來就想對她說的話，這些話一直埋藏在他的心裡，因為珊迪的嚴肅寡言，使拉姆從未對她提起過。

現在，拉姆擔心如果自己再不說出來，那麼她也許就永遠不能瞭解自己內心對媽媽的愛了。

拉姆告訴媽媽他有多麼愛她，拉姆為自己在成長過程中的頑劣固執向媽媽道歉。並告訴媽媽，她是一個偉大的母親，並且為自己是媽媽的兒子而感到驕傲。母親常常花幾個小時翻來覆去地看這封信。

不久以後，媽媽就認不得拉姆了，她想不起來拉姆是她的兒子。每次拉姆去看望她，她總會問拉姆：「你能告訴我你是誰嗎？」拉姆總是驕傲地告訴她，我是妳的兒子。然後，她會微笑著，用她的手握住拉姆的手。拉姆渴望在他們之間這種特別的接觸能夠持續下去。

在這之後不久拉姆又去看望她時，她正躺在床上休息。但她是醒著的，當她看到拉姆進來的，他們彼此微笑著，沒有說一句話，拉姆拉過一把椅子靠近媽媽的床，握住她的手。

對他們來說，這是一個不同尋常的接觸。拉姆默默地透過這樣的方式把自己的愛傳遞給她。在這個安靜的時刻，拉姆能感到他們之間無限的愛所散發出的巨大的魔力。即使拉姆知道，她也許並不清楚是誰握著她的手。

大約過了十分鐘，拉姆忽然感到她的手輕輕地按著自己的手。一下，兩下，三下。這個過程十分短暫，然而就在那一剎那拉姆知道了她想對他說什麼，雖然她沒有說出一個字出來。

這是他們之間愛的奇蹟，這種非凡的力量，來自他們彼此深愛的內心。拉姆簡直不敢相信！媽媽已經不能像過去那樣用語言表達她內心的想法了，但是媽媽仍能清晰地把她的思想傳遞出來，她根本無需說話。就在這一短暫的時刻，媽媽彷彿又回到了從前她神志清醒的那個時候。

很多年以前，當拉姆的父親和她約會時，她發明了這種特殊的方式，就是輕輕地按三下他的手，告訴拉姆的父親：「我愛你！」當他們坐在教堂裡，父親也溫柔地回按兩次她的手，告訴她：「我也是！」

拉姆輕輕地按了兩下媽媽的手以回應她的愛。媽媽轉過頭來，給拉姆一個愛的微笑。媽媽的面容散發出愛的光芒。拉姆永遠也難以忘記媽媽容光煥發的這一刻。又過去了十分鐘。我們仍然沒有講一句話。突然，媽媽認真地看著拉姆，安詳地對拉姆說了一句話：「兒子，對我來說，最重要的，就是有人愛著我。」

拉姆不禁流下了眼淚。拉姆輕輕地擁抱了媽媽一下，告訴媽媽自己有多麼愛她。不知道是喜悅還是難過，拉姆忍受不了這一時刻，抹著眼淚向媽媽告辭。沒過多久，母親就去世了。那時母親所說的話，都被拉姆像金子般珍藏在心裡。拉姆會永遠記得那個愛的時刻。

心靈絮語：

每個人都有愛的需要。對親人表達出你的愛，彼此的生活就會變得更加美好。

父親的鮮花伴我一生

父親第一次送我鮮花是在我九歲那年。那時，我參加了學校的踢踏舞社，準備迎接學校一年一度的校慶活動。作為踢踏舞社的一員，我感到激動、興奮。但我也知道，自己貌不出眾，毫無動人之處。

真叫人大吃一驚，就在表演結束來到舞台邊上時，我聽見有人喊我的名字，而且往我懷裡放了一束芬芳的長梗紅玫瑰。我站在舞台上的情景至今歷歷在目，臉兒紅通通的，注視著腳燈的另一邊。在那裡，我的父母正笑吟吟地望著我，使勁的鼓掌。父親的一束束鮮花伴隨著我，跨過人生的一個個里程碑，而這些花是所有花中的第一束。

快到我十六歲生日了。但這對我而言並不是一件值得快樂的事。我的身材肥胖，沒有男朋友。可是我好心的父母要為我辦一個生日晚會，這愈發給我的心情增加了痛苦。當我走進餐廳時，桌上的生日蛋糕旁邊有一大束鮮花，比以前的任何一束都大。

我想躲起來，由於我沒有男朋友送花，所以我父親送了我這些花。十六歲是迷人的，可是我卻想哭。要不是我最要好的朋友艾麗絲小聲說：「喂，有這樣的好父親，真是幸福！」我真要哭了。時光荏苒，父親的鮮花陪伴著我的生日、音樂會、授獎儀式、畢業典禮。

大學畢業了，我將從事一項新的事業，並且馬上就要做新娘了。父親的鮮花透露著他的自豪，透露著我的成功。這些花帶給我的不僅是歡樂和喜悅。父親在感恩節送來艷麗的黃菊花，聖誕節送來茂盛的聖誕紅，復活節送來潔白的百合，生日送來鮮紅的玫瑰。父親將四季的鮮花扎為一束，祝賀我孩子的生日和我們搬進自己的新居。

我的好運與日俱增，父親的健康卻每況愈下，但直到因心臟病與世長辭，他的鮮花禮物從不曾間斷過。父親從我的生活中消失了，我將我買的最大最紅的一束玫瑰花放在他的靈柩上。

心靈絮語：

在生活中，我們都需要鮮花和掌聲，尤其是來自至親至愛的人的。

愛的禮物

愛德華先生是個成功而忙碌的銀行家。由於成天跟金錢打交道，不知不覺，愛德華先生養成了喜歡用錢打發一切的習慣，不僅在生意場上，對家人也是如此。

他在銀行為妻子兒女開設了專門的戶頭，每隔一段時間就撥一大筆金額供他們消費；他讓祕書去選購昂貴的禮物，並負責在節日或者家人的某個紀念日送上。所有事情就像做生意那樣辦得井井有條，可他的親人們似乎並沒有從中得到他所期望的快樂。時間久了他也很為自己抱屈：為什麼我花了那麼多錢，可是他們還是不滿意，甚至還對我有所抱怨？

愛德華先生訂了幾份報紙，以便每天早晨可以瀏覽到最新的金融訊息。原先送報的是個中年人，不知從何時起，換成了一個十來歲的小男孩。每天清晨，他騎單車飛快地沿街而來，從帆布背袋裡抽出捲成筒狀的報紙，投到愛德華先生家的門廊下，再飛快地騎著車離開。

愛德華先生經常能隔著窗戶看到這個匆忙的報童。有時，報童一抬眼，正好也望見屋裡的他，還會調皮地對著他行個舉手禮。見多了，就記住了那張稚氣的臉。一個週末的晚上，愛德華先生回家時，看見那個報童正沿街尋找著什麼。

他停下車，好奇地問：「嘿，孩子，你在找什麼呢？」

報童回頭認出他，微微一笑，回答說：「我掉了五美元，先生。」

「你確定是掉在這裡嗎？」

「是的，先生。今天我一直待在家裡，除了早晨送報，所以我敢確定是掉在路上。」

愛德華先生猜想，這個每天靠送報賺外快的孩子，肯定不會生長在生活優渥的家庭；而且他還可以想像，那遺失的五美元肯定是這孩子一天一天慢慢存起來的。

一種憐憫心促使他下了車，他掏出一張五美元的鈔票遞給他，說：「好了孩子，你可以回家了。」

報童驚訝地望著他，並沒伸手接這張鈔票，他的神情裡充滿尊嚴，分明在告訴愛德華先生：他並不需要施捨。

愛德華先生想了想說：「算是我借給你的，明早送報時別忘了給我寫一張借據，以後還我。」報童終於接過了錢。

第二天，報童果然在送報時交給愛德華先生一張借據，上面的簽名是菲理斯。其實，愛德華先生一點都不在乎這張借據，不過他倒是關心小菲理斯急著用五美元幹什麼。

「買個聖誕天使送給我妹妹，先生。」菲理斯爽快地回答。

孩子的話提醒了愛德華先生，可不是嗎?再過一星期就是聖誕節了。遺憾的是，自己要飛往加拿大洽談一項併購事宜，不能跟家人一起過聖誕節了。

晚上，一家人好不容易聚在一起吃飯時，愛德華先生宣佈道：「下星期，我恐怕不能和你們一起過聖誕節了。不過，我已經交代祕書在你們每個人的戶頭裡額外存一筆錢，隨便你們想買什麼禮物。就算是我送給你們的聖誕禮物。」

餐桌上並沒有出現愛德華先生期望的熱烈反應，家人們都只是稍稍停了一下手裡的刀叉，相繼對他淡淡地說了一兩句禮貌的話以示感謝。愛德華先生心裡很不是滋味。

星期一的早晨，菲理斯照例來送報，愛德華先生卻破例走到門外與他攀談。他問孩子：「你送妹妹的聖誕天使買了嗎？多少錢？」

菲理斯點頭微笑道：「一共四十八美分，先生。我昨天先在跳蚤市場用四十美分買下一個舊芭比娃娃，再花八美分買了一些白色紗、綢和絲線。我同學拉瑞的媽媽是個裁縫師，她願意幫忙把那個舊娃娃改成一個穿漂亮紗裙、長著翅膀的小天使。您可能不知道，那個聖誕天使完全是按童話書裡描述的樣子做的——我妹妹最喜歡的一本童話書。」

菲理斯的話深深觸動了愛德華先生，他感慨道：「你多幸運，四十八美分的禮物就能換得妹妹的歡喜。可是我呢！即便付出了比這多很多的錢，得到的不過是一些不鹹不淡的客套話。」

菲理斯眨眨眼睛，說：「也許是他們沒有得到他們所希望的禮物？」

愛德華先生皺皺眉頭，他根本不知道他的家人想要什麼樣的聖誕禮物，而且似乎從來也沒有詢問過，因為他覺得給家人錢，讓他們自己去買是一樣的。

他不解地說道：「我給他們很多錢，難道還不夠嗎？」

菲理斯搖頭道：「先生，聖誕禮物其實就是愛的禮物，不一定要花很多錢，而是要送對方心裡想要的東西。」

菲理斯沿著街道走遠了，愛德華先生還站在門口，沉思好久好久才轉身進屋。屋子裡早餐已經擺好了，妻子兒女們正等著他。

這時，愛德華先生沒有像平時那樣自顧自地邊喝牛奶邊看報紙，而是對大家說：「哦，我已經決定取消去加拿大的計劃，想留在家裡跟你們一起過聖誕節。現在，你們能不能告訴我，你們心裡最希望得到什麼樣的聖誕禮物呢？」

心靈絮語：

金錢不等同於愛。親人之間良好的溝通、愉快的相處比金錢和貴重的禮物更重要。

一個小孩堅定的信念

一個八歲的孩子聽到她的父母正在談論她的小弟弟。她只知道他病得非常嚴重，但是，父母沒有錢為他醫治。他們正準備搬到一間小一點的房子裡去住，因為在支付了醫藥費之後，他們付不起現在這間房子的房租。現在，只有動一個費用昂貴的手術，才能救她弟弟的命了。但是，他們借不到錢。

當她聽到爸爸絕望地低聲對眼中含淚的媽媽說：「現在，只有奇蹟才能救他了。」的時候，這個小女孩回到她的臥室裡，把藏在壁櫥裡的豬形撲滿拿出來。她把裡面的零錢全部倒在地板上，仔細地數了數。

然後，她把這個陪了她許久的豬形撲滿，緊緊地抱在懷裡，從後門溜出去，走過六個街區，來到當地的一家藥局裡。她從她的撲滿裡拿出二十五美分的硬幣，放在玻璃櫃檯上。

「你要買什麼呢？」藥劑師問。

「我是來為我的小弟弟買藥的。」小女孩回答道，「他病得很嚴重，我想為他買一個奇蹟。」

「你說什麼？」藥劑師問。

「他叫安德魯，他的腦子裡長了一個東西，我爸爸說只有奇蹟才能救他。那麼，一個奇蹟需要多少錢？」

「我們這裡沒有賣奇蹟，孩子。我很抱歉。」藥劑師說，心疼地對小女孩笑了笑。

「請你聽我說，我有錢買它。如果這些錢不夠，我可以想辦法再多籌些錢。只要你告訴我它需要多少錢。」

此時，藥局裡還有一位衣著考究的顧客。他俯下身，問這個小女孩：「你的弟弟需要什麼樣的奇蹟？」

「我不知道，」她抬起淚眼模糊的雙眸看著他，「他病得很重，媽媽說他需要動手術。但是我爸爸付不起手術費，所以我把存下來的錢全都拿來買奇蹟了。」

「你有多少錢？」那人問。

「一美元十一美分，不過我還可以想辦法多籌一些錢。」她的聲音輕得幾乎聽不見。

「噢，真是巧極了，」那人微笑著說，「一美元十一美分——這正好是

為你的小弟弟購買奇蹟的錢。」

他一隻手接過她的錢，另一隻手牽起她的小手。他說：「帶我到你家裡去。我想看看你的小弟弟，見見你的父母。讓我們來看一看我是不是有你需要的那個奇蹟。」

那位衣著考究的紳士，就是專攻腦神經外科的醫生卡爾頓．阿姆斯特朗。手術完全是免費的。手術後沒多久，安德魯就回家了，很快恢復了健康。

「那個手術，」她的媽媽輕聲說，「真是一個奇蹟。我想知道它到底需要多少錢？」

小女孩微笑了。她知道這個奇蹟的確切價格：一美元十一美分，加上一個小孩子的堅定的信念。

心靈絮語：

只要肯付出誠摯的感情和懷著堅定的信念，就能夠創造出奇蹟！

寄往天堂的一封信

一年前，英國有一位郵局職員名叫弗雷德．阿姆斯特朗，是個送信高手，凡地址不詳或字跡不清的死信，經他辨認試投，幾乎無不一一救活。

弗雷德每天下班回到家，總是喜形於色地把一些新發現告訴妻子；晚飯後，他總點了煙斗銜到嘴裡，兩隻手分別牽著小女兒、小兒子到院裡坐下講故事。他總是像個成功的偵探家般快活。生活像是一片晴空，沒有半點雲影。

可是在一個晴朗的早晨，他的小兒子病了。醫生趕到，一籌莫展。第二天，孩子就死了。

弗雷德的靈魂也死了。他的生活如今也好像是一封地址不詳的死信，失去了寄托。他每天早早起床，出門上班，走路像個遊魂。他坐在辦公桌前，默默辦公，下班回到家，默默吃飯，吃完飯，早早上床。但他的妻子知道，他常常整夜整夜看著天花板。

賢惠的妻子眼看著他一天天消瘦，憂心如焚，她百般安慰，一無收效。

聖誕節近了，周圍的歡樂氣氛也不能沖淡這一家的悲哀。本來是年初便跟弟弟一起翹首盼望年尾的瑪麗安，也變得沉默寡言，像有綿綿心事。

這天，弗雷德坐在一張高凳子上分發一攤信件。

他撿起一個用彩色紙做成的信封，但見上面用藍色鉛筆寫著「寄交天堂奶奶收」幾個大字。——真是來無頭去無尾！弗雷德輕輕噓口氣，正要順手丟到一旁，但「寄交天堂」的字樣似乎把他的心觸動了。他拆開信，信中寫道：

親愛的奶奶：

弟弟死了，爸爸和媽媽都很難過。

媽媽說：好人死了到天堂，弟弟現在跟奶奶在一起了。

弟弟有玩具嗎？

弟弟的木馬我也不騎了，積木我也不玩了，我將它藏起來，怕爸爸看見傷心。

爸爸的煙也不抽了，話也不說了。

我雖然愛聽故事，但也不要爸爸講了，讓他早點睡。

有一次我聽見爸爸對媽媽說：『只有主能解救他。』

奶奶，主在哪裡呢？

我一定要找他，請他來解救爸爸的痛苦，

叫爸爸仍舊抽煙斗，講故事。

瑪麗安寫

這天下班時，街燈已經亮了。弗雷德快步回家，也沒注意到自己的影子一會兒在前，一會兒移後，因為他把頭抬起來向前看了。他踏上門階，沒有馬上推開門，卻先拿出煙斗，裝上一袋，點了，才推門進去。他向迎上前來的妻子和女兒微笑著，徐徐吐出一口煙，立刻把她們籠罩在久違了的氣氛中……

心靈絮語：

月有陰晴圓缺，人有悲歡離合。生離死別是難免的。但是，我們不能長久地沉湎於悲傷之中，而忘了享受正常的生活。

我沒有別的辦法

約瑟經理事業有成，躊躇滿志。這一天，他開著新買的賓士轎車在大街上飛快地行駛著。當他快到停車場附近的時候，他放慢了速度，因為他怕有小孩子從停放的車輛中間，突然跑出來而來不及剎車。

約瑟經理的車緩緩地開過停車場的時候，並沒有小孩子跑出來，但卻有一塊磚頭飛了出來，「匡」的一聲砸在了烏黑珵亮的車門上。約瑟經理馬上踩下了剎車，停下車來，然後把車倒回磚頭飛出來的地方。他飛快地下了車，抓住了那個扔磚頭的小男孩，並揪住他的衣領，把他按到一輛停靠在旁邊的車身上。

他對那個孩子喊道：「這是怎麼一回事？你到底要幹什麼？」

他火冒三丈，繼續喊道，「那是我新買的車。你知道嗎？你那磚頭一扔會讓你爸爸掏出很多錢！你為什麼要用磚頭砸它？」

「對不起，先生，實在對不起！但我沒有別的辦法。」小男孩用哀求的眼神看著約瑟經理，接著說：「因為我不這樣做，任誰也都不肯停下來。」

說到這裡，小男孩流下了眼淚。

他手指著停車場對面說：「那是我哥哥，先生，他從輪椅上滑了下來，摔到路邊了。可是我抱不動他。」

小男孩一邊抽泣，一邊懇求約瑟經理：「請您幫幫忙，把他扶到輪椅上去好嗎？他受傷了。」聽到這裡，約瑟經理非常感動。

他放開小男孩，使勁嚥下湧到喉嚨上熱乎乎的東西，然後一聲不響地跟著小男孩來到他哥哥身邊，把他抱到輪椅上，並掏出自己的手帕替他擦去劃傷處的血跡。他把兄弟倆安置妥當，然後看著小男孩推著哥哥回家去了。

在返回賓士轎車的那幾十米路，對約瑟經理來說是那麼漫長，因為他走得很慢。後來，他沒有修補車門上的那塊凹陷的磚跡。他要留著它，那是兄弟情義的一段記憶。

心靈絮語：

為了幫助自己的親人，有人會採取一些「非常」的手段，但是別人是可以理解他們所採取的異於平常的行為的。

救命的烤肉

冬季的落基山脈普利斯特里山谷，是得天獨厚的天然滑雪場。年輕英俊的橄欖球運動員卡羅和他心愛的未婚妻貝蒂，在銀白色的世界裡比翼飛翔。但是，兩個人很快就迷路了，闖進了一塊也許從來就沒有人到過的雪域。

在迷路的第二天，一陣凜冽的寒風推搡著貝蒂單薄的身軀，卡羅趕忙扶住她。他把貝蒂抱到附近一個積雪半掩的山洞裡，用從雪地上拾來的為數不多的樹枝，為貝蒂燃起了一堆生命之火。

然後，卡羅轉身去外面找吃的，但他還是兩手空空的無功而返。在這樣寒冷荒蕪的雪地裡，哪裡會有食物呢？

就這樣，兩人在飢寒交迫的痛苦中熬了一天，貝蒂已變得極度虛弱。再找不到食物，等待他們的只能是死亡。

在迷路的第三天上午，仍不肯放棄希望的卡羅又兩手空空回到了山洞。他臉色蒼白、腳步踉蹌，左臂不見了，只剩下血淋淋的殘缺的袖管。貝蒂摟著心愛的未婚夫哭著詢問，原來卡羅的左臂被一隻覓食的棕熊殘忍地咬掉了。

貝蒂再也不奢望能夠活著走出雪谷，兩人緊緊依偎在一起，帶著淚水也帶著戰慄的微笑，盡情享受著告別這個世界之前的最後的溫存。

夜幕降臨了，貝蒂沉沉入睡，次日早晨醒來時，卻發現火堆上放著一塊烤肉。

「我夜裡逮到了一隻凍僵的野兔。」卡羅神情疲憊地說。

於是，貝蒂狼吞虎嚥地吃了起來。卡羅卻沒有吃，他說早已吃飽了。貝蒂吃個半飽後，留了將近一半燒得漆黑的烤肉，準備在兩人最需要的時候再吃。然而，卡羅因為昨日失血過多，加上這幾天體力消耗太大，終於倒在了落基山的雪地上，從此再也沒有站起來。

在卡羅去世後的第三天下午，貝蒂被搜救小組救了出來。那時，她已經兩眼呆滯，形同枯槁。

在醫院的病房裡，一位醫學院教授為了瞭解貝蒂為什麼能在滿地冰雪的絕境裡支撐這麼久時，貝蒂回答說：「是愛，還有這個！」隨後，她拿出了保存下來的一小塊烤肉。

教授仔細觀察了一會兒那塊救她生命的烤肉後，不由驚訝地說：「這是

人肉啊！這是人的左臂！」

霎時，貝蒂的臉色無比蒼白。她立即想起了落基山上的皚皚白雪，想起了未婚夫卡羅痛苦的微笑和血淋淋的臂膀。她明白了，她似乎看到了卡羅在鋒銳的岩石上自殘的慘烈畫面……她明白了一切的一切！

貝蒂把卡羅送給她的那枚藍寶石訂婚戒指，緊緊地捂在胸口，失聲痛哭……

心靈絮語：

真心愛一個人，就是甘願為他（她）付出一切，而不求任何回報。

失去的不僅僅是你

一對老夫妻悄悄離開旅遊團，相攜到山崖上去看夕陽，兩位老人如癡如醉地欣賞這無比的美景，突然，她感到身邊有一個東西在往下墜落，她下意識地伸手拉了一把，拉住的正是她的丈夫。

她拉住丈夫的衣領，拚命地往上拉，但無論她怎麼努力，都無濟於事。丈夫懸在山崖上也不敢隨意動彈，否則兩個人都會同時摔落谷底，她拉著丈夫實在有些支撐不住，她的手麻木了，胳膊又腫又脹，彷彿隨時都會和身體分離，她意識到瘦弱的胳膊根本拉不住丈夫過重的身體，她只能用牙齒死死的咬住他的衣領，堅持到最後一刻，她企盼有人突然出現，使他們絕處逢生。

丈夫懸在山崖上，就等於把生命釘在鬼門關上，在這日落西山的傍晚，有誰會來到山崖上？意識到這一點後，他說：「放下吧！」

她緊咬著牙關無法開口，只能用眼神示意他不要出聲。一分鐘過去了，兩分鐘過去了，三分鐘過去了……冥冥中，他感到有熱熱的黏黏的液體滴在他身上。他敏感地意識到血是從她的嘴裡流出來的。

還帶有一種鹹鹹腥腥的味道。他又一次央求她：「求求你，放下我吧！有你這片心意我就知足了……」她仍死死咬住他的衣領無法開口說話，她只能用眼神再次阻止他不要掙扎。

半小時過去了，一小時過去了。

他感到有大粒大粒的熱熱的液體啪嗒啪嗒滴落在他臉上，他知道她七竅出血了，他肝腸寸斷無可奈何。他知道她在用一顆堅強的心在和死神抗爭。他幡然感到生命的力量，在此時此地顯得無比的沉重。

不知過了多長的時間，旅遊團的人們舉著火把找到了山崖。終於救下了他們，她在不遠的一家醫院裡住了好幾個月。那件事發生以後，她的牙全都脫落了，並從此再也沒有站起來。他每天用輪椅推著她走到街上看夕陽。

他說：「當初你幹嘛拚命救下我這個糟老頭？你看你的牙！」

她喃喃地說：「因為，我知道，我當時一鬆口，失去的不僅是你，也是我後半生的幸福。」

心靈絮語：

真正的幸福不在於保全自己，而是能夠和自己喜歡的人共同生活。

生命中最後的守望

一個富商娶了一個美貌的妻子，兩人感情很是融洽。每年妻子生日那天，他都要當著眾賓客的面送給她一串美麗的項鏈，並親手為她戴在脖子上。

富商在一次外出進貨時，船觸了礁，人財兩亡。富商的妻子悲痛欲絕，變賣了為數不多的一點家產，獨守空房。

十年過去了，二十年過去了，她的容貌漸漸衰老凋殘，僅存的一點家產也已告罄，幾乎到了舉步維艱的地步。親友們想起她當年的那些珍玉寶翠，大家都勸她賣掉，安享晚年。

後來她經不起他們的懇求，就從箱底的一個綢包裡拿了出來，一一展現在他們眼前，那是當年富商送給她的一條條項鏈：珍珠的，翡翠的，瑪瑙的……琳琅滿目，光彩照人。

親友們紛紛圍上前，嘖嘖稱奇，爭著說些動聽和感人的話。她的表情木木的，不緊不慢地說出一句：「值不得多少錢的，它們都是假的。」

「我不會騙你們的。」她輕輕揮了一下手，淡淡地又道，聲音低沉得像從遠處傳來，「當初他曾想給我買那些價值昂貴的首飾，但我拒絕了。因為我覺得，東西的真假並不重要，重要的是他心裡是否有我，愛我。當他把這一串串項鏈戴在我的脖子上時，我覺得自己就是世上最幸福的人了。你們也許不知道，這些年來，我沒有一天不打開這個紅色綢包細細地端詳，守著它們，我覺得自己是那麼富有，就像他仍在我的眼前，陪伴著我，我一點也不寂寞，過得很好。」

頓時整個屋裡靜靜的，誰也沒有再說話。走出屋外的時候，誰的心裡都明白：即使這些項鏈真的價值連城，她也不會賣掉，那是她的所有，她真愛的全部，她生命的最後守望。

心靈絮語：

至真至純的精神財富帶給人的慰藉，往往會超過物質財富。

爸爸為我撐起的那片天

一天夜裡，就要熄燈睡覺時，我突然有些想家，想念千里之外年邁的父母。想撥通電話回家，又怕打擾了父母的休息。「叮鈴鈴……」電話鈴聲突然響起，是家裡打來的電話！打電話的是父親，我為他的深夜來電吃了一驚：「出了什麼事了，爸爸？」我急切地問。

爸爸趕緊說：「沒事，沒事，就是想和你說說話。」

「都幾點了？媽媽睡著了嗎？」雖然剛剛我還想往家裡撥電話，現在卻又覺得爸爸的深夜來電似乎不合時宜，但，我的言語中仍掩飾不住意外的驚喜，便和父親隨意聊了起來。

可能是怕影響母親休息，爸爸的聲音很低。他說家裡很好，他和母親身體也都健康，要我別惦記這邊，好好工作，照顧好自己。

我看了看錶，說：「時間不早了，爸，您掛掉電話，睡覺吧！」

父親停頓了一會兒，我猜他一定是抬頭望了一眼那座老鐘。「是不早了，你也休息吧！對了，你明天上班記得帶傘，你那邊有雨。」

「你怎麼知道呢？」

「我在電視上看了天氣預報，說你那邊有雨。」放下電話，我怎麼也無法睡著。千里之外，父親卻時刻關注著我這邊的陰晴冷暖！

第二天，原本晴朗的天空，突然烏雲密佈，果真下起了雨。全單位只有我一個人帶傘，大家感到非常訝異。

我站在窗前，窗外大雨如注，我不知道父親那邊是雨天還是晴天，但我知道，他一定站在老屋窗前翹首望著我這邊。

父親老了，不能再為兒子撐起一片天空，但千山之遠，萬水之隔，父親仍能為我送來一把溫暖的傘……

心靈絮語：

「兒行千里母擔憂。」父親也同樣時刻牽掛著兒子。

一心求仙拜佛的年輕人

從前，有個年輕人與母親相依為命，生活相當貧困。後來年輕人由於苦惱而迷上了求仙拜佛。

母親見兒子整日唸唸叨叨、不事農活的癡迷樣子，苦勸過幾次，但年輕人對母親的話不理不睬，甚至把母親當成他成仙的障礙，有時還對母親惡語相向。

有一天，這個年輕人聽別人說起遠方的山上有位得道的高僧，心裡不免仰慕，便想去向高僧討教成佛之道，但他又怕母親阻攔，便瞞著母親偷偷從家裡出走了。

他一路上跋山涉水，歷盡艱辛，終於在山上找到了那位高僧。高僧熱情地接待了他。

聽完他的一番自述，高僧沉默良久。

當他向高僧問佛法時，高僧開口道：「你想得道成佛，我可以給你指條道。吃過飯後，你即刻下山，一路到家，但凡遇有赤腳為你開門的人，這人就是你所謂的佛。你只要悉心侍奉，拜他為師，成佛是非常簡單的事情！」

年輕人聽了非常高興，謝過高僧，就欣然下山了。

第一天，他投宿在一戶農家，男主人為他開門時，他仔細看了看，男主人沒有赤腳。

第二天，他投宿在一座城市的富有人家，更沒有人赤腳為他開門。他不免有些灰心。

第三天，第四天……他一路走來，投宿無數，卻一直沒有遇到高僧所說的赤腳開門的人。他開始對高僧的話產生了懷疑。快到自己家時，他徹底失望了。

日落時，他沒有再投宿，而是連夜趕回家。

到了家門時已是午夜時分。疲憊至極的他費力地叩動了門環。

屋內傳來母親驚悸的聲音：「誰呀？」

「是我，媽媽。」他沮喪地答道。

門很快打開了，一臉憔悴的母親大聲叫著他的名字把他拉進屋裡。在燈光下，母親流著淚詳看他。這時，他一低頭，驀地發現母親竟赤著腳站在冰涼的地上！

剎那間，靈光一閃，他想起高僧的話。

他突然什麼都明白了。

年輕人淚流滿面，「撲通」一聲跪倒在母親面前。

心靈絮語：

母親對於我們每個人來說永遠都是偉大的。在你失意、憂傷甚至絕望的時候，千萬不要忘記你的母親會全力地支持你。

最珍貴的珠寶

幾百年前的羅馬城，兩個孩子正在清晨的陽光下快樂地玩耍，他們的母親康妮黎亞過來對他們說：「親愛的孩子，今天有一位富有的朋友要來我們家做客，她還會向我們展示她的珠寶。」

下午，那個富有的朋友來了。金手鐲在她的手臂上閃爍著耀眼的光芒，手指上的戒指閃閃發光，脖子上掛著金項鏈，髮髻上的珍珠飾品則發出柔和的色澤。弟弟感歎地對哥哥說：「她看起來如此高貴，我從沒見過這麼漂亮的人。」

哥哥說：「是的，我也是這樣覺得！」

他們羨慕地看著客人，又看著自己的母親。母親只穿了一件樸素的外套，身上沒有任何珍貴的飾品。她金棕色的頭髮編成了一條長長的辮子，盤繞在頭上像是一頂皇冠。但是她和善的笑容卻照亮了她的臉龐，遠勝於任何寶石的光芒。

「你們想看看我其他的珠寶嗎？」富有的女人問。

她的僕人拿出一個盒子並放在桌上。這位女士打開盒子，裡頭有成堆的像血一樣紅的紅寶石，像天一樣藍的藍寶石，像海一樣碧綠的翡翠，像陽光一樣耀眼的鑽石。這對兄弟呆呆地看著這些珠寶：「要是我們的母親，能夠有這些東西該多好啊！」

客人炫耀完自己的珠寶之後，自滿又憐憫地說：「告訴我，康妮黎亞，你真的這麼窮嗎？什麼珠寶都沒有嗎？

康妮黎亞坦然地笑道：「不，我當然有珠寶，我的珠寶比你的更貴重。」

客人睜大了眼睛：「是嗎？快拿出來讓我看看吧！」

母親把兩個男孩拉到自己的身邊，她微笑著說：「他們就是我的珠寶。難道他們不比你的珠寶更貴重嗎？」

這兩個男孩，特貝瑞斯和卡爾斯永遠不會忘記，他們母親當時臉上驕傲的表情以及深深的愛意。數年後，他們成為羅馬偉大的政治家，但他們仍然常常憶起當年的這一幕。

心靈絮語：

孩子就是媽媽心目當中最珍貴的寶貝。

一個饅頭的內疚

爸爸在離家二十多公里的山裡做石匠，早晨騎自行車走，晚上騎自行車回來。兩個饅頭是他的午飯。

爸爸的工作是每天把大錘揮動幾千下，兩個饅頭，只是維持他繼續揮動大錘的力量。

那時，家裡平時還吃不起白飯，地瓜是日常的主食。因此，那時年幼的我，對於爸爸的饅頭產生了覬覦之心。

現在回想起來，我仍然對自己的年幼無知而感到羞愧。為了吃到一個饅頭，我每天傍晚總是會跑到村子口去迎接爸爸。見到爸爸的身影時，我就會高聲叫著衝上前去。這時，爸爸就會微笑著從他的背包裡掏出本是他的午飯的一個饅頭。

饅頭雖然並不是特別可口，但仍然能夠滿足我解饞的願望。

這樣的生活持續了兩年，我不敢對媽媽說，爸爸也從未把這件事告訴媽媽。

所以，媽媽仍然天未亮就做兩個饅頭，而那其中有一個是我的零食。

後來，家裡可以餐餐吃上白飯了，我開始逐漸對那個饅頭失去了興趣。

逐漸長大後，我一直覺得對不起爸爸。因為那不是爸爸的零食，那是他的午飯。

爸爸為了滿足我的嘴饞，竟然在很長一段時間裡沒有吃飽過午飯！這樣的反思經常揪著我的心，我覺得我可能一生都報答不了爸爸。

大學畢業後的一個假期，偶爾與爸爸談及此事，爸爸卻給我講述了另一段心酸的往事。

他說，那時候其實他在工地上也可以吃飽的，只是需要再買一個地瓜而已。

可是，有那麼一天，他為了趕工，錯過了吃飯的時間，已經買不到地瓜。後來他餓極了，就吃掉了那個本就應屬於他自己的另一個饅頭。那天在村子口，我照例去迎接他。父親見到了我渴望的目光，不停的搓著自己的雙手，心裡感到很內疚——因為他無法滿足我想吃饅頭的願望！

回憶到這裡，他說：「我為什麼要吃掉那個饅頭呢？其實我可以忍耐到回家的，我記得那時你很失望；當時，我差點落淚。為這事，我內疚了十五

年……」

其實，這件事我早忘了，或者當時我確實是很失望，但我確實忘了。我只記得我的年幼無知，或者我並不是真的需要那個饅頭。然而我的爸爸，他卻為了一次不能滿足他的兒子，而內疚了十五年！

心靈絮語：

對孩子愛是必要的，但是，不能過分遷就，應該捨得放手讓他們吃些苦。

高高端起的大碗

小剛七歲的時候親生母親就去世了，十歲時她走進他家的門，成了他的繼母。

親友們說：「後母的心是六月的太陽——毒透了。」他們的眼神似乎告訴小剛，更悲慘的生活還在後面，其實，即使親友們不說，書籍電影中關於「繼母」的故事已經太多太多，在她走進家門的那一剎那，小剛就把敵意的眼神投向了她。

小剛的父親在鄉下小學做代課老師，日子過得十分清苦，繼母來了以後又種了兩畝地。生活漸漸好轉，但依然會為吃穿的事發愁。

一間矮平房，兩張破床，家裡最值錢的恐怕就是那張傳了幾代的大方桌。每天，他們一家人就圍在上面吃飯。青菜飯、蘿蔔飯是那時常見又有點奢侈的生活，父親在吃飯時通常會問小剛一些課業上的事情，而繼母的話不多，坐在一張高高的大凳子上，手中的碗也舉得高高的，吃得有滋有味。

小剛則被安排在一個矮凳子上，剛好勾著大方桌。他常常撥弄著碗中的飯粒而無從下嚥，心中無比的委屈：「要是媽媽在世，那大高凳肯定是屬於我的。可現在……更氣惱的是，我連她吃的是什麼都看不見！」

小剛終於尋找到了一個機會，一個讓繼母知道他也不是好欺負的機會——他找到了一把舊的小鋼鋸。

趁繼母下田工作的時候，他搬來那張原本屬於他的高凳子，選擇一條腿，從內側往外鋸，直鋸到剩下一層表皮。從外面看凳子完好無損。但小剛知道，稍微有些重量的人坐上去準會摔跟頭。

那天中午，繼母煮的是青菜飯，先端上的是小剛和他父親的飯碗。小剛坐在自己的位置上，埋頭吃飯，心裡有些忐忑不安，卻又希望會發生些什麼。

繼母端著她的大碗，坐在高凳子上，手中的碗照樣舉得高高的，依然吃得有滋有味。小剛的計劃落空了，她並沒有從高凳子上摔下來。

小剛一邊回答父親的提問，一邊偷偷把腳伸到繼母的高凳子旁，希望把那條斷腿給弄下來，偏偏他勾不著，未能如願。聰明的小剛故意把筷子弄掉到地上，趁拾筷子之際，腳用力一蹬，「卡嚓」一聲，全神吃飯的繼母根本不會想到凳子腿會斷，「哎喲」一聲被重重摔在地上。碗沒碎，繼母摔下來的時候盡力保護著它，但碗裡的青菜灑了一地，繼母的衣服、脖子裡都沾上了——繼母的碗裡全是青黃的剩菜，僅是菜葉上沾些米粒！平時被小剛認為是最難以下嚥的米粒，在那一時刻、在青黃的菜葉上，卻顯得那麼的可口，又是那麼的珍貴！

小剛終於明白，繼母坐得那麼高，碗端得那麼高，是怕他看見她碗裡枯黃的青菜，她把白米飯留給了他和他父親！

也就在那天，在繼母從地上爬起來的時候，在父親舉起手來準備打小剛屁股的時候，無比羞愧的他撲在繼母的懷裡，喊出了他的第一聲、發自內心最深處的呼喚：「媽媽……」

心靈絮語：

常常有人用「後母」來形容對孩子態度惡劣的女人，其實，有很多善良的婦女，對待養子和親生的孩子是一樣的。

爭奪兒子的監護權

女人與丈夫共苦多年，一朝變富，丈夫卻不想與她同甘了。他提出離婚的要求，並執意要兒子的監護權。

為了奪回兒子的監護權，女人決定打官司。她說出自己的底線：只要兒子判給自己，其他什麼都可以不要。

開庭那天，男方說女人身體差，不宜帶小孩，並拿出她以前的住院病歷當物證；女人出示前幾天由某大醫院開具的體檢結果，駁倒了男方。他又說女人欠巨額債務，沒有經濟能力撫養兒子；女人馬上出示男方惡意轉移財產、轉嫁債務於自己的商務調查函，又一次越過了他的陷阱。

激烈的唇槍舌劍、拉鋸式的辯論，女人一直佔上風。男方見勢不妙，使出殺手鐧：「女人經常打罵孩子，對兒子造成巨大的傷害。兒子不願和她生活，只想跟我在一起。」

審判長決定傳他們的獨生子到庭作證。法警走向證人室，準備請那小孩出庭時，女人的臉由紅變白、又由白變得鐵青，忽然她「霍」地站起來，大聲宣佈：「審判長，我——撤訴！」

女人掩面大哭，跑出了法庭。

事後，有朋友問女人：「你真的虐待兒子嗎？」

女人無力地搖搖頭：「我愛我的孩子，怎麼可能虐待他？」

朋友驚詫了：「那你為什麼要放棄？」

女人說：「我的孩子膽小，一旦出庭作證，必然會使心靈受傷。我怎麼忍心……」

心靈絮語：

一個善良的母親為了孩子，甘願犧牲自己的一切利益。

盡一切力量讓她高興

生活中的戴高樂具有堅強的性格，火一樣的熱情，對民族、對國家有著深厚的愛。因此，戴高樂才能成為反抗法西斯侵略和維護法蘭西民族獨立的不屈戰士。美國前總統尼克森和戴高樂私交頗深，他心目中的戴高樂是「一個名副其實的英雄，二十世紀最卓越的人物之一。」

然而，戴高樂又是一位普普通通的人。他有三個子女，最小的女兒安妮先天智力遲鈍，被醫生診斷為「永遠不會說話，終身殘疾」。戴高樂夫婦為此感到傷心絕望，但拒絕了好心人要他們把安妮送給福利機構撫養的建議。為了女兒，他們願意犧牲一切，包括個人的事業和前程。

戴高樂說：「安妮自己沒有要求要來到這個世上，我們應當盡一切力量讓她高興，生活得幸福。」

戴高樂是一位嚴厲的軍官，性格果斷剛強，不苟言笑。但在安妮面前，只要能逗安妮高興，他願意做任何事情，歡樂、詼諧、唱歌、跳舞，恍若另一個人。據鄰居回憶，終身殘疾、智力遲鈍的安妮，唯有戴高樂能逗她發出和正常孩子一樣的嬉笑聲。鄰居們經常看到戴高樂在安妮耳邊悄聲細語地講述著小安妮能理解的趣事，常常逗得安妮咯咯大笑。有時他還和安妮手拉著手在院子內嬉笑奔跑，興高采烈地一起跳小快步舞。

戴高樂夫婦就是這樣細心地撫育和保護著安妮，同時又經常擔心自己會在安妮之前離開人世，為小女兒可能無依無靠而深感痛苦。戴高樂夫人在出國訪問時，常常捨棄一些正式的社交活動，而熱衷於參觀當地的兒童醫療機構和養育福利院。後來，戴高樂夫婦用寫回憶錄的稿費和版稅，建立了以「安妮」為名的殘疾兒童福利基金，創辦了育幼院，把他們對終身殘疾小女兒的真摯的愛，推及到其他殘疾兒童身上。

安妮的生命是短促的，二十歲時染上肺炎去世了。戴高樂夫婦悲痛萬分，安葬那一天，夫婦倆在科倫貝雙教堂安妮的墓前，滿臉淚水，默默地哀悼。然後，戴高樂拉著妻子的手深情地說：「回去吧！現在她和別的孩子一樣了！」

心靈絮語：

父母的摯愛總是那麼的無私和偉大，為了孩子，他們願意犧牲一切。

大火中的母親

一家人住在一間用木板隔成兩層的夾層屋裡。母親半夜起床上廁所，突然聞到一股濃濃的煙味，便意識到家中出事了。

等父親從夢中驚醒，樓下已是一片火海，全家兩個女兒三個兒子以及兩位雇工都被困在大火中。孩子們被叫醒後，個個如受到驚嚇的小兔子，逐一聚攏到母親身邊。幸好閣樓上的天花板只有一層，砸開它，就可以攀上後牆逃生。絕望之餘，父親帶著兩個雇工砸開天花板，並第一個搶先翻過牆頭。

父親出去後，再也沒有回來，他只顧呼喚鄰居救火。高牆裡面，大火離母親和五個孩子越來越近了。五個孩子中，最高的也只有一百五十公分，而圍牆卻有二百多公分高。他們沒有一個人能單獨攀爬上去。幸運的是，牆頭上有一個雇工留了下來，他一手緊抓屋頂橫樑，另一隻手伸向牆內的母親和五個孩子。

「別怕，踩著媽媽的手，爬上去！」母親蹲在地上，抓牢大兒子的腳，大兒子用力一蹬，抓住雇工的手，攀上了牆頭翻身脫離了險境。

用同樣的辦法，母親把二兒子和小兒子一一舉過了牆。此刻，火舌已舔到母親的腳掌，母親奮力抓起二女兒。

此時，她的力氣已用盡，渾身不停地顫抖。大女兒急中生智，協助媽媽把妹妹舉過了牆。火海中，僅剩母親和大女兒，大火已捲上了她們的身體，燒著了她們的衣服。大女兒哭著讓媽媽離開，但母親堅決地將女兒拉了過來，拼盡最後一口氣，將大女兒托過牆頭。

當工人再次把手伸向母親的時候，她竟然連站立的力氣也耗盡了，轉眼間，便被大火吞沒了。牆外，五個孩子聲淚俱下地捶打著牆，大喊著「媽媽」。而牆內的母親再也聽不見了，永遠地閉上了眼睛。

消防人員趕到後，很快的將大火撲滅。人們進去尋找這位母親，看到了極為悲壯的一幕：她跪在閣樓內的牆下，雙手向上高高舉起，仍保持著托舉的姿勢。

心靈絮語：

面臨生與死的抉擇，絕大多數母親都會犧牲自己，以保全孩子的人身安全，這種感人的故事太多了。

蒲公英也是美麗的

潔希永遠也忘不了的是她上三年級時的一次午餐時間。學校排戲時，她被選來扮演劇中的公主。接連幾周，母親都煞費苦心地跟她一道練習台詞。可是，無論她在家裡表達得多麼自如，一站到舞台上，她頭腦裡的詞句便全都無影無蹤了。最後，老師只好叫潔希先到一邊休息，並解釋說，她為這齣戲補寫了一個旁白者的角色，請她調換一下角色。雖然老師的話十分親切婉轉，但還是深深地刺痛了潔希——尤其是看到自己的角色讓給另一個女孩的時候。

那天回家吃午飯時，潔希沒把發生的事情告訴母親。然而，母親卻覺察到了她的不安，也沒有再提議她練台詞，而是問她是否想到院子裡走走。

那是一個明媚的春日，棚架上的薔薇籐正泛出亮麗的新綠。潔希無意中瞥見母親在一棵蒲公英前彎下腰。

「我想我得把這些雜草統統拔掉。」她說著，就順手用力將它連根拔起。

「從現在起，咱們這庭院裡就只有薔薇了。」

「可是我喜歡蒲公英，」潔希抗議道，「所有的花兒都是美麗的，哪怕是蒲公英！」母親表情嚴肅地看著她。

「對呀！每一朵花都以自己的風姿給人愉悅，不是嗎？」她若有所思地說。潔希點點頭，高興自己戰勝了母親。

「對人來說也是如此。」母親又補充道，「在這個世界上，不可能人人都當公主，但那並不值得羞愧。」

潔希想母親猜到了自己的心事，她一邊告訴母親發生了什麼事，一邊失聲哭泣起來。

母親聽後釋然一笑。

「但是，你將成為一個出色的旁白者。」母親說，並提醒潔希自己是如何喜愛聽潔希朗讀故事給自己聽的。

「旁白者的角色跟公主的角色一樣重要。」

心靈絮語：

不可能每個人都當船長，必須要有人來當水手。當孩子表現得不盡如人意的時候，也應該給他（她）一些鼓勵！

聖誕之夜珍貴的父愛

這是在諾斯家久居多年的姑媽搬走以後的第一個聖誕節。以前過節，她總是為諾斯一家準備聖誕樹和聖誕禮物。但今年的聖誕節，在諾斯的家裡卻沒有歡樂，冷冷清清。因為這一年裡，諾斯的父親只是偶爾有工作可做，他們家的兩間空房也租不出去，而諾斯的母親則到越來越遠的地方去採購便宜物品。這一切的改變說明了，他們家的經濟狀況是每況愈下，收入僅足以餬口。

在聖誕夜前的晚飯桌上，諾斯的父親一直沉默不語。當他突然說：「來，我們出去走一走」時，諾斯大吃一驚。因為，這樣的想法父親從前是從未有過的，況且屋外的天氣很冷。

更出乎諾斯意料的是，父親說：「我們去一四九號大街與三號路的交叉路口。」諾斯心裡真是高興極了，要去的地方是紐約的一個商業中心，那裡都是商店。聖誕節期間，一排排無盡頭的移動式零售攤出售著各式各樣的玩具。

以前聖誕節的時候，諾斯常常和姑媽到那裡去，她讓他挑選最想要的東西，這一點諾斯的父親是知道的。於是，諾斯很愉快地得出這個結論：這次出門只意味著一件事，那就是爸爸要給自己買一件聖誕禮物。

諾斯欣喜若狂。姑媽離開他們的這一年，對諾斯來說真是糟糕透了。他非常渴望得到一件聖誕禮物，這不單純是為了一件禮物，而是作為一個象徵「我需要從父母那裡得到某種表示他們懂得我的心情如何，他們仍然會愛我，就像姑媽那樣愛我。」父親經過一番考慮後，決定為兒子買一件聖誕禮物的想法使諾斯非常幸福，這種幸福是這幾個月來他不曾享受到的。

他們快步走著。低著頭，頂著風向玩具攤走去。因為父親隻字未提買禮物的事，諾斯也只好偶爾站在某個玩具攤前，盡量克制住自己的感情：「爸爸您看，遙控直升機！」「那是最新型的滑板！」「爸爸您看那兒，好美的火車模型組！」每次，父親都詢問一下價錢，然後他們相對無言繼續走著。有幾次，他手裡拿著玩具看著兒子，好像他在暗示兒子應該會喜歡這件玩具的。可是諾斯已經十歲了，對簡單的小玩具早就不感興趣了。

現在，他們面前只剩下兩三個攤子了。諾斯抬頭仰望著父親，聽見他是如何把口袋裡的幾枚硬幣弄得叮噹響。這一下諾斯全明白了，也許他一共湊

了不過七角五分錢來為自己買聖誕禮物，且不敢把實情告訴兒子，也許他連這點兒錢也沒有。

諾斯從父親的眼中看到了一種失望的神情。此時此刻，他感到他們父子比以前更親近了。

說心裡話，當時諾斯本想擁抱父親，並說：「沒關係，我能理解您，相比之下遙控飛機或火車模型組都太無足輕重了。我愛您，爸爸！」然而，諾斯什麼話也沒說，他和父親並排站了片刻，凍得直發抖。然後，他們默默無語，動身回家。

長大後，諾斯一直遺憾自己當時沒有告訴父親，那天晚上自己是多麼感激他。

心靈絮語：

和真摯的父愛比較起來，任何珍貴的禮物都顯得微不足道。

一切都為了母親節

年前的一天，十二歲的魯本·厄爾從紐芬蘭島羅伯茲灣一家商店經過時，櫥窗裡的一件商品使他怦然心動。但對這個孩子來說，這件標價五加元的東西實在是太貴了，因為這筆錢相當於他們全家人一整個禮拜的開銷。

魯本心想跟爸爸馬克·厄爾要吧！不行，他捕魚賺的錢全都交給母親多拉了。多拉辛辛苦苦操持家務，事事精打細算，處處省吃儉用，才勉強養活五個孩子。雖說身上沒半毛錢，但魯本仍推開這家商店已經風化殘破的門，走了進去。這個身穿粗麻布襯衫、破舊褲子的小不點兒，對店主說，他想買櫥窗內的那件商品。「不過，我現在沒有錢，請您先別賣，幫我留著好嗎？」

「行。」店主微笑地對他說。魯本很有禮貌地告別店主，走出商店。這孩子的表情讓人覺得，他一定要把這件心愛之物買到手。

走著走著，突然從旁邊一條巷子傳來一陣敲釘子的聲音。他尋聲走到一個施工現場。當地居民的住家全都是自己蓋的，他們在釘子用完後，往往漫不經心順手就把裝釘子的小麻袋給扔了。魯本早就聽說生產釘子的那家工廠回收這種袋子，每個五分。於是，他把在工地上撿到的兩個袋子拿去賣了。在回家的路上，他的小拳頭一直緊緊握著那兩枚五分的硬幣，生怕它掉了。

他家旁邊有座舊糧倉。魯本把那兩枚硬幣裝在一個空鐵盒裡，藏在糧倉內的乾草堆底下。到了吃晚飯時，魯本才走進廚房。父親馬克正在補綴漁網，母親多拉已經把飯菜擺好。魯本望著媽媽，她那一頭金髮在透過窗子照射進來的陽光下閃閃發亮。魯本知道，身材苗條容貌秀麗的母親是家裡的頂樑柱。她一天到晚忙忙碌碌，沒完沒了地工作著：洗衣、做飯、種菜，還得給羊擠奶。雖說一年到頭辛苦的忙碌著，但她總是滿臉笑容的，因為她把全家人的美滿幸福看得重於一切。

每天下午放學，做好家庭作業，做完母親交代的家務事後，魯本便到大街小巷去找裝釘子的小麻袋。這年的夏、秋兩季就這麼在他一日不輟地尋找麻袋中過去了。冬天一到，冷風不斷從海灣那邊刮來，儘管不時受到饑寒困乏的折磨，但魯本依舊日復一日地走街串巷撿拾麻袋，因為購買櫥窗內那件商品的強烈願望始終激勵著他，賦予他勇氣、信心和力量。

每逢母親問他為什麼天天這麼晚才回家時，魯本總以和小朋友一起嬉戲為由搪塞過去。多拉明知兒子在搪塞自己，但面對一年來舉止反常的兒子，她除了無奈地搖搖頭，一點兒辦法也沒有。

物換星移辭舊迎新，不知不覺間，第二年的五月已經來臨。楊柳吐翠、嫩草飄香的五月令人心曠神怡，更令即將實現最大心願的魯本激奮不已。

這個月的第二個星期天，他無比激動地把藏在糧倉草堆底下的小鐵盒取出來，用發抖的雙手將裡面的硬幣一枚不落的倒出來，仔細數了一遍，仍不放心，又認真數了一遍。哇！只差二十分就湊足五加元了。於是，他祈禱上帝保佑自己能在傍晚前，撿到對他來說至關重要的四個麻袋。隨後，他把裝錢的鐵盒藏好，急匆匆的去尋找麻袋。

當夕陽漸沉時，他急速的趕到那家工廠，負責回收舊麻袋的那個人正在關廠門。魯本心急如焚地喊道：「先生，請您先別關門！」那人轉過身來，對著全身髒兮兮汗淋淋的小魯本說：「孩子，明天再來吧！」

「求求您啦！我今天說什麼也得把這四個麻袋賣掉——我求求您啦！」耳聞孩子顫抖的哀求聲，目睹孩子淚汪汪的雙眼，這個人不禁動了惻隱之心。

「你為什麼這麼急著要錢？」大人好奇地問。

「這是一個祕密，對不起！」孩子不願洩露天機。拿到四枚五分硬幣後，高興得心都快要蹦出來的魯本只含糊不清地向回收麻袋的人道了一聲謝，便飛快的跑回糧倉，取出鐵盒，繼而又用盡全力跑到那家商店，把一百枚五分的硬幣倒在櫃檯上。魯本汗流浹背地跑回家，撞開房門，衝了進去。「到這兒來一下，媽媽，請您趕快到這兒來一下！」他扯著嗓子朝正在整理廚房的母親喊道。母親剛走到他面前，魯本便迫不及待地將自己用一年多的心血換來的珍寶放在媽媽手裡。

多拉輕輕打開包裝紙，裡面包著一個藍天鵝絨首飾盒，盒內放著一枚杏仁形胸針，其上鑲著兩個燦然奪目的鍍金大字「媽媽」。看到母親節——五月的第二個星期天——兒子送給自己如此貴重的禮物，除結婚戒指外沒有任何飾品的多拉欣喜若狂，熱淚奪眶而出。她深情地望著魯本，一把將他緊緊摟入懷中……

心靈絮語：

如果能夠努力為媽媽做些事情，儘管不一定是非常特別的事情，也能夠產生異乎尋常的效果。

母親的血汗錢

日本一所知名大學的一個畢業生應聘於一家大公司。社長審視著他的臉，出乎意料地問：「你替父母洗過澡、擦過身嗎？」

「從來沒有過。」青年很老實地答道。

「那麼，你替父母捶過背嗎？」

青年想了想，說：「有過，那是我在讀小學的時候，那時母親還給了我十塊錢。」在諸如此類的對談中，社長只是安慰他別灰心，會有希望的。

青年臨走時，社長突然對他說：「明天這個時候，請你再來一次。不過有一個條件，剛才你說從來沒有替父母擦過身，明天來這裡之前，希望你一定要為父母擦一次，能做到嗎？」這是社長的吩咐，因此青年一口答應。

青年雖大學畢業，但家境貧寒。他剛出生不久父親便去世，從此，母親做傭人拚命賺錢。孩子漸漸長大，讀書成績優異，考進東京知名大學。學費雖令人生畏，但母親毫無怨言，繼續幫傭供他上學。直到今日，母親還在幫傭。青年回到家，母親還沒有回來。母親出門在外，腳一定很髒，他決定替母親洗腳。母親回來後，見兒子要替她洗腳，感到很奇怪。於是，青年將自己必須替母親洗腳的原委說了一遍。母親很理解，便按兒子的吩咐坐下，等兒子端來水，把腳伸進水盆裡。

青年右手拿著毛巾，左手握著母親的腳，他這才知道母親的雙腳已經像木棒一樣僵硬，他不由得抱著母親的腳潸然淚下。讀書時他心安理得地花著母親如期送來的學費和零用錢，現在他才知道，那些錢是母親的血汗錢。

第二天，青年如約去那家公司，對社長說：「現在我才知道母親為了我受了很多的苦，是您讓我明白了在學校裡沒有學過的道理，如果不是您，我真的是從未握過母親的腳，我只有母親一個親人，我要照顧好母親，再也不能讓她受苦了。」

社長點了點頭，說：「明天你到公司來上班吧！」

心靈絮語：

一個人要理解社會、理解人生，入門的第一課即是要理解父母養育自己的艱辛，懂得了那份辛勞與期待，才能真正地珍惜自己，熱愛生活，勤奮工作。

她已經忘了十二年

一次，桑托到郵政總局給朋友拍電報。在他身邊坐著一位老太太，她把頭低得很低俯在電報紙上。她在上面寫了些字，隨後把電報紙拿到眼前，吃力的瞇著眼睛看。看過之後，把紙揉成了一團，又拿了一張新的，重新填寫，寫完了又揉成一團，然後又伏在桌子上，再填寫一張。桑托主動要幫這位老太太填寫，可是她怎麼也不肯。她自己又拿了一張電報紙，打算再重新填寫。後來她歎了口氣說：「我就住在這附近，可是，往五層樓上爬很吃力，不戴眼鏡又寫不了……您若是不急著走的話，請替我寫一下。」

桑托拿來電報紙，老太太一字一句地說出彼德格勒的地址。然後，沉默片刻，歎息地說：「請寫上：親愛的媽媽，祝您生日快樂。請您到我們這兒來住吧！吻您。薇拉．娜嘉．謝爾蓋。」

桑托看了看老太太，問她：「您的媽媽還健在？」

老太太很不高興地冷笑一下說：「那個媽媽——就是我。」

「啊？」

「明天是我的生日，女兒她很可能會忘了給我拍賀電，因此，我就決定……免得鄰居們責怪她。她是我的乖女兒，大家都很尊重她，她在摩爾曼斯克當主任工程師。」

桑托想像得出來，她的女兒一定是整天很忙碌，很操心的人。在工作上和在家裡都有好多事情要做。可能，女兒過去曾有忘記給媽媽拍賀電，老人家就會抱怨：「你看，孩子們不需要我們了，把我們忘記了……」

「你女兒不會忘記向您祝賀的。不過遇上突發的狀況總是免不了……」

老太太一雙憂傷的眼睛望著桑托，低聲說：「她已經忘記十二年了。」

桑托面對這個老人家還能說什麼呢？又能用什麼話語來安慰她？是不是要責怪她的女兒呢！雖說這是有理由的。

可是，老太太已經平靜下來，她對他說：「對不起，請您幫我買一張印有玫瑰花圖案的賀電專用電報紙，我的女兒做任何事都喜歡漂亮的……」

心靈絮語：

父母為兒女考慮的是那麼周到，那麼無微不至；兒女又為母親想了些什麼，做了些什麼呢？

我是傻瓜的兒子

傑瑞上大一的時候個性還十分毛躁，由於家庭經濟條件不大好，經常和父親發生口角。一次，他又和父親吵了起來，一番唇槍舌劍，他甩門走了。

傑瑞快走進教室時，猛然想起自己忘了完成老師交代的作業了。這節課是教育學，老師是深受同學們喜愛的西蒙教授。西蒙教授上課很有特色，早在開學第一節課他就交代了一個特殊的作業：每星期二，同學們都要交給他一張寫有日期和姓名的卡片。至於卡片上還要寫些其他什麼，內容由學生自己決定，可以是一點感悟、一個問題、一種心情，但必須樸實無華，是真情實感的流露。星期三，老師會把已寫過評語或答案的卡片發還給同學。

現在，傑瑞已經快遲到了。他掏出那張空白卡片，寫上日期和自己的姓名，接下來該寫些什麼呢？這時，他滿腦子只有與父親發生的那場爭執。

「我是傻瓜的兒子！」衝動之下，他寫了這句話，然後走進教室，將卡片交給西蒙教授，找到一個空位置坐下。

星期三，西蒙教授照例將學生們的卡片還給他們。傑瑞看到老師他在自己的卡片上寫道：「是不是『傻瓜的兒子』與一個人未來的人生有多少相干呢？」

傑瑞的心為之一顫！他常常把不順心的事情歸因於父母，總是想：「如果不是由於他們沒有錢，如果不是由於他們錯誤的干涉，如果不是他們沒有本事……我就不至於……」

而對於自己卻缺少自知之明，理直氣壯地認為自己總是正確的。西蒙教授提出的這個簡單問題給了他啟迪，讓他從「以自我為中心」中跳出來，檢討自己，並學會去做一個有責任感的人。當傑瑞不再把自己當作「中心人物」，開始對自己的行為、選擇和情感負起責任時，一切就起了變化。

一年後，傑瑞的在校成績突飛猛進，他的朋友增加了，他和父親的口角減少直到完全消失了。

心靈絮語：

古人說：「君子之遇艱阻，必反求諸己，而益自修。」對別人多些寬容和理解，從「以自我為中心」中跳出來，檢討自己，負起自己該負的責任，才能夠不斷進步。

不向命運妥協

在人生的某些階段，也許命運曾對我們不公，
但是，「天道酬勤」的規則適用於任何人。

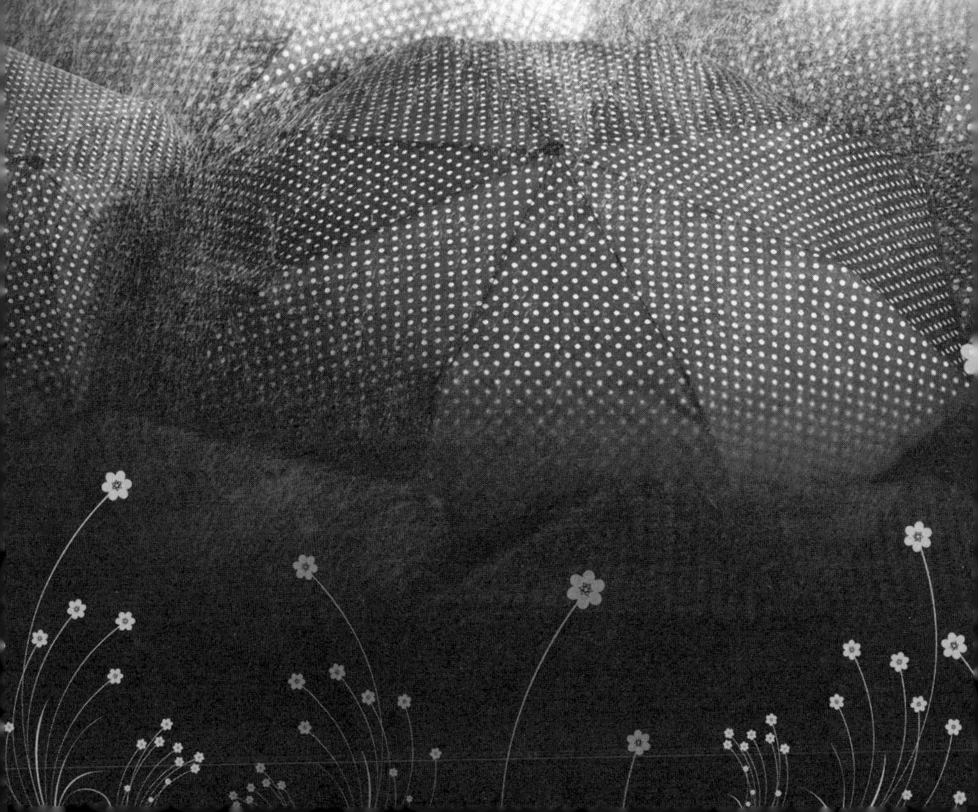

把豆子當作護身符

母親和兩個孩子背井離鄉，輾轉各地，好不容易得到某一家人的同情，把一個倉庫的一角租借給她們母子三人居住。

只有三張榻榻米大小的空間裡，她鋪上一張蓆子，拉進一個沒有燈罩的燈泡。一個炭爐，一個吃飯兼孩子學習兩用的小木箱，還有幾床破被褥和一些舊衣服，這是他們的全部家當。

為了維持生活，媽媽每天早晨六點離開家，先去附近的大樓做清掃工作，中午去學校幫學生發午餐，晚上到飯店洗碟子。結束一天的工作回到家裡已是深夜的十一二點了。於是，家務的擔子全都落在了大兒子身上。

為了一家人能活下去，母親披星戴月，從沒睡過一個安穩的覺，生活還是那麼清苦。她們就這樣生活著，半年、八個月、十個月……做母親的哪能忍心讓孩子這樣苦熬下去呢？她想到了死，想和兩個孩子一起離開人間，到丈夫所在的地方去。

有一天，母親泡了一鍋豆子，早晨出門時，給大兒子留下一張紙條：

「鍋裡泡著豆子，把它煮一下，晚上當菜吃，豆子爛了時再放點醬油。」

這天，母親又做了一整天的活，累得疲憊不堪，實在失去了活下去的勇氣。她偷偷買了一包安眠藥帶回家，打算當天晚上和孩子們一塊死去。

她打開房門，見兩個兒子已經鑽進蓆子上的破被褥裡，並排入睡了。忽然，母親發現當哥哥的枕邊放著一張紙條，便有氣無力地拿了起來。上面這樣寫道：「媽媽，我照您紙條上寫的那樣，認真地煮了豆子，豆子爛時放進了醬油。不過，晚上盛出來給弟弟當菜吃時，弟弟說太鹹了，不能吃。弟弟只吃了點冷水泡飯就睡覺了。

「媽媽，實在對不起。不過，請媽媽相信我，我的確是認真煮豆子的。媽媽，求求您，嚐一粒我煮的豆子吧！媽媽，明天早晨不管您起得多早，都要在您臨走前叫醒我，再教我一次煮豆子的方法。

「媽媽，今晚上您也一定很累吧！我心裡明白，媽媽是在為我們操勞。媽媽，謝謝您。不過請媽媽一定保重身體。我們先睡了。媽媽，晚安！」

淚水從母親的眼裡奪眶而出。

「孩子年紀這麼小，都在頑強地陪伴著我生活……」母親坐在孩子們的枕邊，伴著眼淚一粒一粒地品嚐著孩子煮的鹹豆子。一種必須堅強地活下去的信念從母親的心裡生長出來。

摸摸裝豆子的布口袋，裡面正巧剩下倒豆子時殘留的一粒豆子。母親把它拿出來，包進大兒子給她寫的信裡，她決定把它當做護身符帶在身上。

心靈絮語：

不管遇到什麼挫折，都必須有堅強地活下去的信念，因為困難是有限的，而人的潛力是無限的。

蜘蛛結網的啟示

有一次，布魯斯國王與英格蘭軍隊打仗。他被打得落花流水，只得躲在一所不易被發現的古老的茅屋裡。他絕望透頂。

當他正帶著失望與悲哀躺在柴草床上的時候，他看見一隻蜘蛛正在結網，為了取悅自己並看蜘蛛如何對付，國王毀壞了牠將要完成的網。蜘蛛並不關心牠的災害，仍繼續牠的工作，打算再結一個新網。蘇格蘭國王又把它的網破壞了，蜘蛛又開始結另一個網。

國王開始感到好奇了。

他自語道：「我已被英格蘭的軍隊打敗了六次，我是準備放棄戰爭了。假使我把蜘蛛的網破壞六次，它是否會放棄它的結網工作呢？」

他毀壞了蜘蛛的網共有六次。蜘蛛對這些災難毫不介意，開始結第七次新網，終於成功了。

國王被蜘蛛的這種精神鼓舞了勇氣，他決定再作一次奮戰，從英格蘭人的手裡解放他的國家。

他召集了一支新的軍隊，很謹慎而耐心地做著準備，終於打了一次重要的勝仗，把英格蘭人趕出了蘇格蘭國土。

心靈絮語：

許多人失敗的真正原因，不是因為遇到的阻力或障礙太大，而是因為自己過早地放棄或屈服。

絕處逢生

一天下午的黃昏，在非洲剛果河上，有兩個男孩划著小木舟回家。他們是兩兄弟，哥哥耶里，弟弟波大果，他們是划船出來遊玩的。不料玩得忘了時刻，這時見太陽已西下，才想起要趕快把這艘木舟划回家去。

兩兄弟合力搖著船槳。船是四尺長、三尺寬的小木舟，是用一條圓木雕成的，只能在平靜無波的小河划著玩，如果稍有震動，就會翻覆沉沒。

當波大果一面划槳，一邊遠望著西下的夕陽時，一眼看到大約七八百米外的河面上，有一條鱷魚正向這邊追來。

耶里也同時發現鱷魚追來，他喊道：「鱷魚！吃人的鱷魚來了！」

遠處水面浮出綠硬鱗甲的鱷魚頭、背，鱷魚在水中划出了大水波，很遠就能聽到「嘶嘶」的水響聲。

這時，小木舟正在河中心，要划到河的岸邊，至少還要半小時才能到達。船背後的鱷魚卻不到幾分鐘就會追到，眼看自己立即就要變成鱷魚的晚餐。他們年齡不大，憑他倆的力氣是打不過那條鱷魚的。

當他們來不及多想的頃刻之間，回頭一望，只見那條大鱷魚正張開血盆大口，游到離船尾不到十米的水面。

「逃命啦！」哥哥耶里驚慌失措，瘋了似的跳到河裡，潛水游向附近的河岸。

弟弟波大果眼見耶里跳水，他年紀小，力氣更小，這時鱷魚已游得更近，距離船頭只有兩三米遠。此刻，他只來得及想一件事：「怎樣才不會被鱷魚吃掉？」

在夕陽西下之時，河兩岸已杳無人跡。河邊即使有人，也不一定能把這個小孩從鱷魚嘴邊救回來，現在，生死存亡全靠波大果自己來決定了。

忽然，船尾水面那條大鱷魚，縱起了它的頭向船尾衝來。

說時遲，那時快，波大果也不知是從哪裡來的勇氣，在鱷魚正抬頭張口衝來的同時，他上前一步，站到船頭上，弓著腰、背，縱身高高跳起，張開雙臂，撲到鱷魚的背上，全身都落到鱷魚頭、嘴的背後。

鱷魚這時似乎有點驚慌，只知用頭向船頭撞去，它撞船的衝力，正好使波大果的身體在其背上一旋，旋到另一個方向。

波大果正好趁此用雙臂緊緊扼住鱷魚嘴下的頸部，用雙腿全力夾住鱷魚的背。

鱷魚發狂似的在水中掙扎，他卻拚命扼緊它的咽喉不肯放鬆。最後，鱷魚在河水中向前游去。他發覺鱷魚已逐漸不再掙扎，他感覺到：自己等於是騎著鱷魚順水游了。

波大果的一雙手臂依然緊扼鱷魚的頸不敢放鬆，他知道，鱷魚的力氣太大了，他怕扼在鱷魚頸部的手臂一旦被掙脫，那他就再也不能控制鱷魚，那時一定會被鱷魚一口吞下。

他就這樣扼緊鱷魚，在河面上向前游著。

在死亡的恐怖中，他不知這樣游了多久，只見天色已暗，河水與河岸的距離究竟還有多遠，也無心細看。

不久，波大果忽然發覺鱷魚不動了，定睛一看，眼底竟是河邊的沙灘。是鱷魚要到沙灘來休息嗎？他不明白，也不敢多想。

他心中突然高興了起來，即使鱷魚這時再要咬人，他也可以在陸地上飛快的逃走。因此，他就縱身跳到鱷魚的右側，瘋狂地向前跑了幾十步才停下來。

他回過頭，在月光下，看到自己一路「騎」來的那條大鱷魚，依然伏在沙灘那個老地方。

他壯膽蹲身細看，鱷魚雙眼緊閉著，他伸手試探鱷魚的頸部，發現鱷魚竟已完全停止了呼吸。

他高興極了，跑到一棵樹下找來幾根樹籐，綁住鱷魚的頸項，向前拖去，拖得很吃力，拖一程，休息一次，最後終於繞過小路回到自己的家。

全家人聽了事情的經過，不禁目瞪口呆。

原來，當這個小男孩危在眉睫時，他在求生本能的驅使下，連害怕都來不及了，他那緊扼鱷魚頸部的手臂就在這頃刻之間，產生了一種神奇的力量。鱷魚雖然力大而凶殘，但它頸部被波大果扼得太緊，也就敵不過「無法呼吸」的致命傷。

在死亡邊緣獨力戰勝鱷魚的十六歲小男孩波大果，頓時變成非洲報紙上的熱門傳奇人物。

心靈絮語：

只要處變不驚、竭力拚搏，就有絕處逢生的希望。

貪婪的北極熊

在北極圈裡，北極熊是沒什麼天敵的，但是聰明的愛斯基摩人，卻可以輕易地逮到它。愛斯基摩人是怎麼辦到的呢？

他們殺死一隻海豹，把它的血倒進一個水桶裡，用一把雙刃的匕首插在血液中央，因為氣溫太低，海豹血很快就凝固了，匕首就凝結在血中間，像一個超大型的棒冰。做完這些之後，把棒冰倒出來，丟在雪原上就可以了。

北極熊有一個特性：嗜血如命，這就足以害死它了。它的鼻子特別靈，可以在好幾英哩之外就嗅到血腥味。當它聞到愛斯基摩人丟在雪地上的血棒冰的氣味時，就會迅速趕到，並開始舔起美味的血棒冰。舔著舔著，它的舌頭漸漸麻痺，但是無論如何，它也不願意放棄這樣的美食。忽然，血的味道變得更好——那是更新鮮的血，溫熱的血。於是它越舔越起勁——原來，那正是它自己的鮮血——當它舔到棒冰的中央部分時，匕首扎破了它的舌頭，血冒出來。這時，它的舌頭早已麻木，沒有了感覺，而鼻子卻很敏感，知道新鮮的血來了。這樣不斷舔食的結果是：舌頭傷得更深，血流得更多，通通

吞進自己的喉嚨裡。最後，北極熊因為失血過多，休克暈厥過去，愛斯基摩人就走過去，幾乎不必花力氣，就可以輕鬆捕獲它。

心靈絮語：

在我們的生命中，在追求幸福的過程中，如果我們所抱持的是一種錯誤的觀念，最終只會給自己帶來傷害。

找回自己光明的那一面

一個寒冬的夜晚，約克鎮的瓊生飢寒交迫地棲身在一個破工寮裡。外面風雪交加，而他卻獨自窩在一張破床上，屋內沒有生火，他蜷縮著，進入半昏迷狀態。接著，也許是一場夢，也許只是幻覺，他看見一扇窗，窗內有火光跳躍，火爐邊坐著一個跟他長得一模一樣的人。

這人紅光滿面，精神煥發，充滿自信，示意他過去取暖。他怯生生地照辦了，當著他的面，瓊生自慚形穢。接著他示意瓊生見見屋子裡的其他人，瓊生躲在牆角偷看，發現那些人都是瓊生以前的僱主、朋友和相識的人，他沒有勇氣見他們。

接連幾天他都被邀請到那個溫暖的屋子裡，那些他無顏相見的人也都在屋裡坐著，然而他始終提不起勇氣見他們。終於有一天，他忍不住問屋子的主人：「你究竟是誰？」

「我是你的過去，也是你的未來。我們曾經住在同一個身體裡，雖然偶爾有爭執，大致上還是相安無事地共處著。然而你漸漸變了，我們再也無法相容了，我只得黯然離開，每個人的體內都存有兩個自我：一個光明；一個黑暗。現在我被你趕出來了，你的身體裡只剩下黑暗。」

「你為什麼要逼我見那些人？」瓊生又問。

「是你在逼我。我走後，你領著身體墮落，你知道終點是死亡嗎？現在你已經走到死亡的邊緣了，再往下走一步，我們便同歸於盡。用點腦筋和意志力，你只要往上走，我就可以回來。」

「我已喪失意志力，頭腦也不管用了。」

「沒有什麼難關是不可躍過的，在我看來，這個世界是光明的，只要你有勇氣爭取，就能得到你要的東西。」

等瓊生醒來，他的人生觀有了極大的轉變，他又看見耀眼的陽光，又聽到蟲鳴鳥叫，他的身體依然虛弱，但充滿鬥志。他四下張望，尋找那個神采奕奕的自我，但顯然他是隱而不見了。

瓊生回想夢境中的一切，暗下決心要尋回光明的自我，當這個念頭浮現時，光明的自我其實已經回到他的身體裡了，只是他當時毫不知情罷了。他不去回想過去，昨日種種不再，只有今天才是實在的東西，他決定重新開始。

他走進以往常去的餐廳，向他的舊識點頭問好，然後找到以前的房東，向他租了房間。接著他回到以前的工廠，要求老闆讓他在那裡工作。接著，他埋頭苦幹，像過去剛起步時一樣努力。

朋友對他的轉變都感到驚訝不已，他們起先抱著懷疑的態度，不久便轉而恭賀他找回自我。他知道他的光明面抬頭了，更知道如果稍不謹慎，它便隨時會離他而去。他的下半生很快度過了，他很驕傲地說，一直到現在他都在往上爬，再也沒有墮落過。

心靈絮語：

積極和消極的兩個自我無時不在爭執、拉扯，你必須小心謹慎，才能保住積極的自我，戰勝消極的自我。

要回附贈的馬匹

自從被白人驅趕到保護區之後，印第安人一直過著貧困的日子。直到有一天，他們終於時來運轉——勘探發現在劃歸印第安人的土地底下，蘊藏著大量的石油。

消息一經傳出，各大公司財團蜂擁而至，爭相出高價向擁有保護區的酋長買下石油的探採權。一夜暴富的印第安酋長，決定一改乘光馬背的習慣，訂購了一部最高級的凱迪拉克大轎車。

轎車在眾族人的注目中用拖車運到。酋長端詳了他的新坐騎半天，終於找到如何駕駛這部轎車的方式。酋長要族人牽來兩匹馬，將馬套拴在凱迪拉克前的保險桿上，由馬匹拖著大轎車，雇了一名車伕，趕著馬前行。

酋長每天坐著這輛由兩匹馬拉著的凱迪拉克，在周邊的印第安村莊中巡視。

人飽暖而後知榮辱，有錢後的酋長又開始學英語，想要成為跟得上時代潮流的人。

等他稍稍看得懂英文後，有一天心血來潮，打開那份隨車所附的使用手冊。不看則已，一看之下，不禁令酋長火冒三丈。

原來使用手冊上清清楚楚地寫著，這部凱迪拉克大轎車擁有二百六十匹馬力。酋長頓時恍然大悟，難怪他一直覺得這輛轎車雖然高級，但跑起來的速度卻遠不及自己以前的舊馬車，原來問題出在這裡，這輛大轎車應該附贈二百六十匹馬兒來拉，才能使這龐然大物跑得飛快。他心想：那些汽車商實在太欺負我們印第安人了，做生意不老實，竟然扣下了附贈的馬匹。

稍通英文的酋長立刻寫了一封火暴的抗議信，直接寄給汽車公司，要求對方賠償他應得的馬匹。

凱迪拉克公司接到這封莫名其妙的信，雖然不明白信中所指何事，但也不敢怠慢客戶，馬上派了一位專員去瞭解情況。

專員到了印第安酋長的保護區，見到了那輛保險桿上拴著兩匹馬的凱迪拉克，更是一頭霧水。酋長暴怒地質問他，為什麼沒有將二百六十匹馬同時帶來？

折騰了大半天，汽車公司的專員才稍稍猜出了頭緒，便問酋長：「這部車的鑰匙呢？」

酋長搖頭答道：「什麼鑰匙，沒見過。」

專員笑著歎氣，解下保險桿上的馬，請酋長坐進後座，然後從箱中取出那部車的鑰匙，插進鎖孔輕輕一扭，蘊藏在引擎中的二百六十匹馬力立即隨著低沉的排氣管隆隆作響。

專員向酋長點頭致意，拉下排檔，輕踩油門，輪胎發出與地面快速摩擦的聲音，這部大轎車首次由發電機驅動，全速奔馳而去。

心靈絮語：

每個人都有著不可估量的潛能，但可惜的是有太多的人都不知道如何去開發利用，而虛度了美好的時光。

盡量從工作中尋找樂趣

當我們在做自己喜歡的事情時，很少感到疲倦，很多人都有這種感覺。比如在一個假日裡你到湖邊去釣魚，整整在湖邊坐了十個小時，可你一點都不覺得累，為什麼？因為釣魚是你的興趣所在，從釣魚中你享受到了快樂。產生疲倦的主要原因，是對生活厭倦，是對某項工作特別厭煩。這種心理上的疲倦感，往往比肉體上的體力消耗更讓人難以支撐。

心理學家曾經做過這樣一個實驗。他把十八名學生分成兩個小組，每組九人，讓一組的學生從事他們感興趣的工作，另一組的學生從事他們不感興趣的工作，過不了多久的時間，從事自己所不感興趣的那組學生就開始出現小動作，再一會就抱怨頭痛、背痛，而另一組的學生正做得起勁呢！

以上經驗告訴人們：人們疲倦往往不是工作本身造成的，而是因為工作的乏味、焦慮和挫折所引起的，它消磨了人對工作的活力與幹勁。

「我要怎樣才能在工作中獲得樂趣呢？」一位企業家說，「我剛剛才在一筆生意中虧損了十五萬元，我想我已經完蛋了，再也沒臉見人了。」

很多人就常常這樣把自己的想法加入既成的事實。實際上，虧損了十五萬元是事實，但說自己完蛋了沒臉見人，那只是自己的想法。

一位英國人說過這樣一句名言：「人之所以不安，不是因為發生的事情，而是因為他們對發生的事情產生的想法。」也就是說，興趣的獲得也就是個人的心理感受，而不是發生的事情本身。

心靈絮語：

心裡的快樂是最真實的感應，世間有很多事情其本身都是存在快樂。只要你有這種心境，就自然能夠體會得到。

和太陽賽跑的少年

安格斯讀小學的時候，他的外祖母過世了。外祖母生前最疼愛他，安格斯無法排除自己的憂傷，每天在學校操場上一圈又一圈地跑著，跑得累倒在地上，撲在草坪上痛哭。那哀痛的日子，斷斷續續地維持了很久，爸爸媽媽也不知道該如何安慰他。他們只知道與其騙兒子說外祖母睡著了（但那總有一天要醒來），還不如說實話：外祖母永遠不會回來了。

「什麼是永遠不會回來呢？」安格斯問著。

「所有時間裡的事物，都永遠不會回來，你的昨天過去，它就永遠變成昨天，你不能再回到昨天。爸爸以前也和你一樣小，現在也不能回到你這麼小的童年了；有一天你會長大，你會像外祖母一樣老；有一天你度過了你的時間，就永遠不能回來了。」爸爸說。

以後，安格斯每天放學回家，在家裡的庭院裡看著太陽一寸一寸地沉到地平線以下，他就知道一天真的過完了，雖然明天還會有新的太陽，但永遠不會有今天的太陽的。

時間過得那麼飛快，在安格斯幼小的心裡不只是著急，還有悲傷。有一天，他放學回家，看到太陽快落山了，就下決心說：「我要比太陽更快回到家。」他狂奔回去，站在庭院前喘氣的時候，看到太陽還露著半邊臉，就高興地跳躍起來，那一天他覺得自己跑贏了太陽。以後他就時常做那樣的遊戲，有時和太陽賽跑，有時和西北風比快，有時一個暑假才能完成的作業，他十天就做完了。那時他三年級，常常把五年級的作業拿來做。

每一次比賽勝過時間，安格斯就快樂得不知道該怎麼形容。

後來的二十年裡，他也因此受益無窮，雖然他知道人永遠跑不過時間，但是人可以比自己原有的時間跑快一步，如果跑得夠快，有時還可以快好幾步。那幾步很小很小，用途卻很大很大。

心靈絮語：

切莫浪費時間，因為他是生命所賴以製造的東西。和時間賽跑吧！獲勝的一定是你。

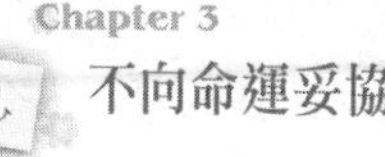

孤獨者的邏輯

有位孤獨者倚靠著一棵樹曬太陽，他衣衫襤褸，神情萎靡，不時有氣無力地打著哈欠。一位智者從他身旁經過，好奇地問道：「年輕人，如此好的陽光，如此難得的季節，你不去做你該做的事，懶懶散散地在這裡曬太陽，豈不辜負了大好時光？」

「唉！」孤獨者歎了一口氣說，「在這個世界上，除了我自己的軀殼外，我一無所有。我又何必去費心費力地做事呢？每天曬曬我的軀殼，就是我做的所有事了。」

「你沒有家？」

「沒有。與其承擔家庭的壓力，還不如乾脆沒有。」孤獨者說。

「你沒有你的所愛？」

「沒有，與其愛過之後便是恨，不如乾脆不去愛。」

「沒有朋友？」

「沒有。與其得到還會失去，不如乾脆沒有朋友。」

「你不想去賺錢？」

「不想。千金得來還復去，何必勞心費神動軀體？」

「噢，」智者若有所思，「看來我得趕快幫你找根繩子。」

「找繩子？做什麼呢？」孤獨者好奇地問。

「幫你自縊！」

「自縊？你叫我去死？」孤獨者驚詫了。

「對。人有生就有死，與其生了還會死去，不如乾脆就不出生。你的存在，本身就是多餘的，自縊而死，不是正合你的邏輯嗎？」

孤獨者無言以對。

心靈絮語：

愛迪生說：「只有樹立遠大的志向，不斷去努力和付出，才能體會到生活的意義。」

經過千錘百煉的一句話

數百年前，一位聰明的老國王召集了聰明的臣子，交代了一個任務：「我要你們編一本《各時代智慧錄》，好流傳給子孫。」

這些聰明人離開老國王以後，工作了很長一段時間，最後完成了一本十二卷的巨作。

老國王看後說：「各位先生，我確信這是各時代的智慧結晶。然而，它太厚了，我怕人們不會去讀完它。把它濃縮一下吧！」

這些聰明人又經過長期的努力工作，幾經刪減之後，完成了一卷書。然而老國王還是認為太長了，又命令他們繼續濃縮。

這些聰明人把一本書濃縮為一章，然後濃縮為一頁，濃縮為一段，最後則濃縮成一句。

老國王看到這句話時，顯得很得意，說：「各位先生，這真是各時代的智慧結晶，並且各地的人一旦知道這個道理，我們所擔心的大部分問題就可以解決了。」

這句千錘百煉的話是：「天底下沒有免費的午餐。」

心靈絮語：

「天底下沒有免費的午餐。」不經歷風雨，就很難見到彩虹。

不向海洋屈服的人們

巴烏斯住在里加海濱一幢暖和的小房子裡。房子緊靠海邊。如果要去眺望大海，那還需走出籬笆門，再走一段積雪覆蓋的小徑。

海沒有凍結。潔白的雪一直伸延到海水的邊緣。當海上掀起風暴，聽到的不是海浪的喧囂，而是浮冰的碎裂和積雪的沙沙聲。

向西，在維特斯比爾斯方向，有一個小小的漁村。這是一個很普通的村落：迎風曬著漁網，到處是低矮的小屋，煙囪裡冒出裊裊炊煙，沙灘上橫放著拖上岸的黑色機船，還有一身捲毛不太咬人的狗。

在這個村子裡，拉脫維亞的漁民住了幾百年，一代一代的接連不斷。還是像幾百年前一樣，漁民們出海打魚；也是像幾百年前一樣，不是所有的人都能平安返回，特別是當那波羅的海風暴怒狂吼、波濤翻滾的秋天。

但不管情況如何，不管多少次，當人們聽到自己夥伴的死訊，而不得不從頭上摘下帽子時，他們仍然在繼續著自己的事業——父兄遺留下來的危險而繁重的事業。向海洋屈服是不行的。

在漁村旁邊，迎海矗立著一塊巨大的花崗岩。這還是在很早以前，漁民們在花崗石上鐫刻了這樣一句話：「紀念在海上已死和將死的人們」。這句話從很遠的地方就可以看到。

當巴烏斯得知這句話的內容時，感到異常悲傷。但是，一位拉脫維亞作家對他講述這句話時，卻不以為然地搖搖頭，說：

「恰恰相反，這是很勇敢的一句話。它說明，人們永遠也不會屈服，不論在什麼情況下都要繼續自己的事業。如果讓我給一本描寫人類勞動和頑強的書題詞的話，我會把這句話撰錄上。但我的題詞大致是這樣：『紀念曾經征服和將要征服海洋的人們。』」

心靈絮語：

在挫折面前不屈服，就有戰勝一切挫折的希望！

媽媽的告誡

萊德認為自己的媽媽真是個了不起的女人。他爸爸因心臟病去世時，他才二十一個月大，哥哥五歲。媽媽雖無一技之長，又沒有受過教育，卻毅然負起撫育萊德和他哥哥的責任。

萊德九歲時找到了一份在街上賣《傑克遜——維爾日報》的工作。他需要那份工作是因為他們需要錢——雖然是那麼一點點錢——但是萊德很害怕，因為他要到市區去取報賣報，然後在天黑時坐公共汽車回家。他在第一天下午賣完報後回家時，便對媽媽說自己決不再去賣報了。

「為什麼？」她問道。

「你不會要我去的，媽。那兒經常有不良少年出現非常不好。你不會要我在那種鬼地方賣報的。」

「我不是要你去當不良少年。」她說道，「人家當不良少年，是人家的事。你賣你的報，可以不必跟他們學。」

她並沒吩咐萊德該回去賣報，可是第二天下午，他照樣去了，因為她自己就會這樣做。那年年底時候，萊德在聖約翰河上吹來的寒風中凍得要死，一位衣著考究的女士遞給他一張五美元的鈔票，說道：「這足夠付你剩下的那些報紙錢了；回家吧！你在這外面會凍死的。」結果，萊德做了他知道媽媽也會做的事——謝謝她的好心，然後繼續待下去，把報紙全賣掉後才回家。冬天挨凍是意料中的事，這不是因此而罷手的理由。

等到萊德長大了以後，每次要出門時，媽媽都會告誡他：「要學好，要做得對。」人生可能遇到的事，幾乎全用得上這句話。

最重要的是，她教了萊德一定要能吃苦耐勞。她會說：「要是牛陷在溝裡，你非得拉它出來不可。」哪怕是天凍得連眼珠都會裂開，或者下雨，再或不論你喜不喜歡，甚至你不舒服，總是要把牛拉上來。

心靈絮語：

在遇到困難的時候，不會總是有人像奇蹟一般出現前來救你。能救你的只有你吃苦耐勞的決心和奮鬥出頭的決心。

能栽培出最好玫瑰的大師

玫瑰大師栽培的玫瑰遠近馳名，他設計的玫瑰大廳堪稱歐洲大陸上的一珠璀璨。有一次，英國女王和荷蘭女王慕名前來賞盛，到了約定的時間卻見不到這位大師。

一找，原來他正在廚房裡與四個女傭吵架。見到皇室文員，他訴苦不迭：第一個女傭買菜賬目不符，第二個女傭與大廚有染，第三個女傭說話用了髒字，第四個女傭偷吃了他給兩位女王準備的布丁。

大師非常激動，義憤填膺，滔滔不絕，他解釋說：「不，絕不能讓步！決不！你讓她們一回，她們就會騎在你的頭上拉屎，她們就會認為你怕了她們！女人？女人又怎麼樣？女人倔起來更不得了……」

大師足足用了十五分鐘使皇室文員徹底地理解了他的苦處，同情了他的境遇，附和譴責了四個該死的女人。然後，玫瑰大師洗臉梳妝更衣打領帶，來到玫瑰大廳，當然，女王已經離去。

之後又有幾起貴賓來訪的事件，不是遇到大師在廚房裡與人爭吵，就是在廁所裡與人打架，還有一次是在牛欄對牛亂吼。大師見人便說他養的牛得了英吉利狂牛病，耿耿於懷而永不釋然。

大師創造出了最好的玫瑰，佈置了在歐洲及至世界光芒四射的大廳，卻一輩子徘徊在自己設計和建造的美的殿堂外面。

心靈絮語：

要想在生活中獲得快樂，僅僅美化環境是不夠的，還要提高人的修養，注重營造和諧的人際關係。

生活的美好在於與人相處

義大利洞穴專家毛里奇．蒙塔爾隻身到義大利內洛山的一個地下溶洞裡，開始了長達一年的名為「先鋒地下實驗室」的活動。

「先鋒地下實驗室」設在溶洞內的一個六十八平方米的帳篷內，裡面除配備有科學實驗用的儀器設備外，還設有起居室、盥洗室、工作間和一個小小的植物園，在洞外山頂上的控制室裡，研究人員透過閉路電視系統，觀察蒙塔爾一個人在長期孤獨生活的情況下，在生理方面會產生哪些變化。

剛開始二十天左右，由於寂寞與孤獨，蒙塔爾曾感到害怕，懷疑能否堅持到底，但是後來還是撐下去了。他給果樹和蔬菜澆水，看書、寫作或看錄影帶。一年中，他吸了三百八十盒香煙，看了一百部錄影帶片。實驗室內還備有一輛健身自行車，他共騎了一千六百多公里。

度過了一年多的地下生活後，蒙塔爾於二〇〇四年八月一日重見天日。這時，他的體重下降二十一公斤，免疫系統功能降到了最低點；如果兩人同時向他提問，他的大腦就會亂；他情緒低落，不善與人交談。雖然他渴望與人相處，但卻已喪失了交際能力。

蒙塔爾說：「在洞穴裡度過了一年，才知道人只有與人在一起的時候，才能享受到作為一個人的全部快樂。過去，我是一個喜歡安靜的人，常常傾向於獨處。現在，讓我在安靜與熱鬧之間選擇，那我寧可選擇熱鬧，而不要孤寂。這場實驗使我明白了一個人生的奧祕：生活的美好在於與人相處。」

心靈絮語：

一個人不能脫離社會，脫離群體。只有積極的投身社會，愉快、和諧地與人相處，才能獲得進步和成功所需的各種資源，充分享受人生的樂趣。

馬戲團的大象

大象波佐是倫敦一家馬戲團的台柱，性情本來非常溫順。可是，不知為什麼，它的性情最近變得越來越暴烈。有一次，它甚至突襲了飼養員，差點讓這個可憐的人當場喪命。所有的人都拿波佐沒辦法，連獸醫也不知道問題出在哪兒。不得已，馬戲團老闆決定殺死波佐。為了在波佐身上撈上最後一筆，他大肆宣傳馬戲團將對波佐進行公開處決。

處決那天人山人海，似乎人人都想目睹這個龐然大物將如何死去。波佐被鎖在舞台中央的大籠子裡，不遠處站著手持來福槍的槍手。在台上的老闆細數波佐的「罪狀」。當聲討結束以後，所有人都摒住呼吸等待著最後的槍響。

就在這時，一個矮個子男人走上舞台，平靜地對老闆說：「大可不必這麼做。」

老闆一把推開他說：「這頭大象得死，不然有人會送命的。」

男人固執地說：「讓我進籠子和它待兩分鐘，我會證明你是錯的。」

老闆瞠目結舌地說：「你會沒命的。」但矮個子男人堅持己見。貪婪的老闆也不想錯過這場好戲。

於是，他對男人說：「進去可以，不過你要是出了意外，可與我們馬戲團無關。你先立個字據吧！」

矮個子男人寫了張字條給老闆，聲明一切後果自負。

在男子進籠子之前，老闆大聲告知觀眾將要發生的事情。台下頓時吵雜聲不斷。觀眾都感到不可思議，有人甚至不停地在胸前畫十字。

男人從容地鑽進籠子，波佐一見有陌生人闖入它的領地，立刻伸長鼻子大聲發出警告，並準備隨時攻擊這個入侵者。這名男子面不改色，微笑著對波佐說話。帳篷裡安靜極了，每個人都豎起了耳朵，但離舞台最近的觀眾也聽不懂男子口中的呢喃，只知道他在說某種外語。更不可思議的是，波佐漸漸平靜下來，緩緩地抬起頭，眼巴巴地望著小個子男人。最後它竟然像一個受了委屈的孩子，貼著男人啜泣起來。這一幕讓所有的人都目瞪口呆。忽然有人帶頭鼓起掌來，頃刻間，雷鳴般的掌聲、歡呼聲震耳欲聾。

這名男子一從籠子裡走出來，老闆立刻拉住他問：「太神奇了，你到底給它施了什麼魔法呀？」

男子邊穿外套邊說：「這是一頭印度大象，聽慣了印度語。你們說的話它一句也不明白，所以會變得越來越暴躁。我建議你找一個會說印度語的人來照顧它，它就會變得和以前一樣溫順。」說罷，這名男子離開了帳篷。

誰都沒想到，險些讓波佐喪命的問題竟然出在溝通上。人們總是用自己的語言對波佐說話，完全不管它能否理解、接受。可憐的波佐完全生活在另一個世界裡，充滿了說話聲，卻沒有一句它聽得明白，怎麼能不發狂呢？

心靈絮語：

在與人交流和溝通時，我們應該試著站在對方的角度，充分考慮對方的願望和需求，用對方熟悉的語言和願意接受的方式來跟他對話，這樣才不致產生誤解，才能有利於達成對雙方有益的結果。

老鼠喝油

有三隻老鼠一塊去偷油喝，可是油缸非常深，油在缸底，他們只能聞到油香，根本喝不到油，急得這三隻老鼠團團轉。

他們最後靜下心來，終於想出了一個很棒的辦法，就是一隻老鼠咬著另一隻老鼠的尾巴，吊下缸底去喝油。他們一致決定，大家輪流喝油，有福同享，誰也不可以存有自私獨享的念頭。

第一隻老鼠最先吊下去喝油了。他想：「油只有這麼一點點，大家輪流喝，一點也不過癮，今天算我運氣好，不如自己先喝個飽。」

而夾在中間的第二隻老鼠也在想：「這麼一點點油，萬一讓第一隻喝光了，那我豈不是白辛苦一場？乾脆自己跳下去先喝為快。」

待在最上面的第三隻老鼠此時也在想：「那麼一點點油，看他們兩個的樣子，等他們喝完後，哪裡還有我的份？倒不如把他們放了，自己先下去喝一頓。」

於是，第二隻狠心地放了第一隻尾巴，第三隻也迅速地放了第二隻尾巴，他們爭先恐後地跳到了缸底。

大家搶著喝油，每隻老鼠都喝得很飽，儘管渾身被油弄得濕透，狼狽不堪，但每隻老鼠都顯得非常開心。而等這三隻老鼠想要跳出油缸時，才發現缸深腳滑，根本出不去。

三隻老鼠最終都死在了油缸裡。

心靈絮語：

人性中的劣根性之一就是自私。在利害得失面前，這種劣根性表現得往往更加明顯。而聰明的人懂得合作，謀求「雙贏」，盡力追求這樣一種結果：別人好，自己也未必會損失；自己好，也盡量不要給別人造成傷害。

重視群體的力量

一粒霧渴望親近大地，為此它已經等了很久了。終於又到了一次降溫，它發誓要把握這次機會，完成它滋潤萬物的願望。它焦急地哀求上帝：「請讓我實現這個願望吧！我等得快要絕望了。」

另一粒霧聽見了，同情地說：「這樣求上帝是沒用的，還是靠自己的力量去實現吧！你現在快靠近我。」

霧覺得哀求是沒用的，就聽從了勸告，擁抱了這粒霧，這時它有了開始下沉的感覺。它們又遇上了許多的霧，它們親熱地擁抱在一起。霧感到自己漸漸變大，一直滑了下去。「啪嗒！」霧掉在了地上，濺成了幸福的淚花。

心靈絮語：

生活在現代社會，每個人都必須重視群體的力量，重視合作。很多時候，我們的理想是需要別人的幫助和鼓勵來實現的，如果只靠單打獨鬥，往往一事無成。

爭奪羚羊的巨蟒與豹

在一個原始森林裡，一條巨蟒和一頭豹同時盯上了一隻羚羊。豹看著巨蟒，巨蟒看著豹，各自打著「算盤」。

豹想：如果我要吃到羚羊，就必須先消滅巨蟒。

巨蟒想：如果我要吃到羚羊，就必須先消滅豹。

於是，幾乎在同一時刻，豹撲向了巨蟒，巨蟒撲向了豹。

豹咬著巨蟒的脖子想：如果不用力氣咬，我就會被巨蟒纏死。

巨蟒纏著豹的身子想：如果不用力氣纏，我就會被豹咬死。

於是，雙方都死命地用著力氣。

最後，羚羊安詳地踱著步伐走了，而豹與巨蟒卻雙雙倒地。

獵人看到了這一場爭鬥甚是感慨，說：「如果兩者同時撲向獵物，而不是撲向對方，然後平分食物，兩者都不會死；如果兩者同時走開，一起放棄獵物，兩者都不會死；如果兩者中一方走開，一方撲向獵物，兩者都不會死；如果兩者在意識到問題的嚴重性時互相鬆開，兩者也都不會死。它們的

悲哀就在於把本該具備的謙讓，轉化成了你死我活的爭鬥。」

心靈絮語：

生活中的很多悲哀都是因為缺少了謙讓，過分看重一時的得失，結果引起彼此爭鬥，造成兩敗俱傷的結果。如果彼此都多些理智，更冷靜一些，就能避免很多悲劇的發生。

他是為了證明我的清白

等了十多分鐘，費了很大力氣才擠上公車，這時才發現自己忘了帶錢包，我硬著頭皮和司機商量：「我天天都坐這班車，能不能下次再補給你？」

司機不依，一揮手：「下站下車！」

車廂裡的人全都在看我。

短暫的沉默之後，一位年輕的男士微笑著遞過十塊錢：「不就是十塊錢的事，我替她墊上吧！」

我感激涕零。

可是身邊的人開始小聲議論，說我是騙錢的。

我羞憤難當，恨不得丟了票下車。

就在這時，借錢給我的男士大聲說：「能不能借您的手機用用？」

我如釋重負，馬上遞過手機。

他接過去撥了個號碼，說了兩三分鐘的話。這下好了，我們誰也不欠誰的了，我證明了我的清白。

直到下車，我下意識地打開手機才真正愣住了：他根本沒有撥通過電話。他為我證明了清白，同時更證明了他自己的善良。

心靈絮語：

幫助別人時，最好充分考慮對方的感受，採取最能為對方「保留面子」的方式。

因為他們都比我小

一位來台灣觀光的美國老太太，用那根曾經指點過世界許多名勝的手指，在一群孩子中指點了三下，於是三個孩子：一個十歲的女孩，一個七歲的男孩和一個大約五歲的女孩，站到了這位美國老太太的面前。

美國老太太拿出一隻玻璃瓶子，瓶肚很大，瓶口很小。三顆剛好能通過瓶口的小球正躺在瓶底。小球上各繫著一根絲繩，像青籐一樣從瓶口爬出來，攥在這個美國老太太的手裡。美國老太太狡黠自負地笑了一下說：「你們都說台灣人是世界上最聰明的人，現在我要試一試。」

三個台灣孩子露出緊張惶恐的神色。她宣佈遊戲規則。這三顆小球分別代表你們三個人。這個瓶子代表一口乾井。你們正在井裡玩。突然，乾井冒出水來，水漲得很快，你們必須趕快逃命。記住，我數七下，也就是只有七秒鐘，如果你們誰還沒有逃出來，誰就被淹死在井裡了。

她把三根絲繩遞給了三個台灣孩子。空氣突然凝滯了，好像死神在四周徘徊。美國老太太做出一個表示開始的手勢。只見那大約五歲的女孩很快從瓶裡拉出了自己的球；接下來是那個七歲的男孩，他先是看了一眼比自己大的女孩，接著迅速地將自己的球拉出瓶口；最後是那個十歲的女孩，從容又敏捷。

全部時間不到五秒。美國老太太覺得太不可思議了，本來一場驚心動魄的遊戲，竟這麼平淡乏味地結束了。她先問那個小男孩，你為什麼不爭先逃命？小男孩擺出一副很勇敢的表情，手指著那個最小的女孩：「她最小，我應當讓她呀！」她又問那個十歲的女孩，女孩說：「三個人裡面我最大，我是姐姐，應該最後離開。」

老太太又問，那你就不怕自己被淹死？女孩答道：「淹死我，也不能淹死弟弟妹妹。」淚水刷地一下就從美國老太太的眼裡湧了出來。她說她在許多國家都試過這種遊戲，幾乎沒有一個國家的孩子能夠這樣完成它，他們爭先恐後，互不相讓……

心靈絮語：

聰明不僅僅是思維敏捷，它還是一種明智的處世方式，它是一種豁達，一種無私、無畏的品格。

仁愛比聰明更難做到

全球最大的網路書店亞馬遜公司的總裁傑夫．貝索斯小時候，經常在暑假隨祖父母一起開車外出旅遊。

十歲那年，貝索斯又隨祖父母外出旅遊。旅遊途中，他看到一條反對吸煙的廣告上說，吸煙者每吸一口煙，他的壽命便縮短兩分鐘。正好貝索斯的祖母也吸煙，而且有著三十年的煙齡。於是，貝索斯便自作聰明地開始計算祖母吸煙的次數。計算的結果是：祖母的壽命將因吸煙而縮短十六年。

當他得意地把這個結果告訴祖母時，祖母傷心地放聲大哭起來。祖父見狀，便把貝索斯叫下車，然後拍著他的肩膀說：「孩子，總有一天你會明白，仁愛比聰明更難做到。」祖父的這句話雖然只有短短的幾個字，卻令貝索斯終生難忘。從那以後，他一直都按照祖父的教誨做人。

心靈絮語：

為人處世，做一個仁愛的人比做一個聰明的人更困難，也更明智。

總統和生病的小男孩

有一天，柯林頓到醫院探視病人，有一位小孩突然鑽到他的身邊。這個小孩不斷地看著柯林頓先生，什麼話都不說。

就這樣沉默了幾秒鐘之後，柯林頓首先開口：「你有什麼話想要跟我說嗎？」

「我想要你的簽名！」小孩用洪亮的聲音說。

柯林頓情不自禁地露出微笑，拿起名片，很快地寫上名字，正要交給小孩時，小孩又要求說：「我可以要四張嗎？」

柯林頓一臉笑意：「為什麼要這麼多張？一張不夠用嗎？」

小孩回答他：「我要用三張你的簽名去換邁克爾．喬丹的一張簽名照，至於剩下的一張我會妥善地收藏起來。」

柯林頓總統並沒有因此而不高興，他接連拿出三張名片，都簽上了名字，同時開朗地說：「我所疼愛的一個侄子，最喜歡邁克爾．喬丹，改天有空我也要幫他去換一張邁克爾．喬丹的簽名照。」

心靈絮語：

真正明智的大人物，面對普通人的時候，總是顯得平易近人。這正是他們被認為「偉大」的一個主要原因。

畢竟我離它最近

主人沏好茶，把茶碗放在客人面前的小茶几上，蓋上蓋子。當然還帶著那清脆的碰擊聲。接著，主人又想起了什麼，隨手把保溫瓶往地上一擱。他匆匆的進了裡屋，而且馬上傳出開櫃門和翻東西的聲響。

做客的父女倆待在客廳裡。十歲的女兒站在窗戶那兒看花。父親的手指剛剛觸到茶碗那細細的手把——忽然，叭的一聲，跟著是絕望的碎裂聲。地板上的保溫瓶倒了。女孩也嚇了一跳，猛然回過頭來。事情儘管極單純，但這情況近乎是不可思議：父女倆根本都沒碰到它。

確確實實沒碰到它。而主人把它放在那兒時，雖然有點搖晃，可是並沒有馬上就倒哇。保溫瓶的碎裂聲把主人從裡屋揪了出來。他的手裡攥著一盒方糖，一進客廳，主人下意識地看著熱氣騰騰的地板，脫口說了聲：「沒關係！沒關係！」那父親似乎要做出什麼表示，但他控制住了。

「太對不起了，」他說，「我把它碰倒了。」

「沒關係。」主人又一次表示這無所謂。

從主人家出來，女兒問：「爸，是你碰倒的嗎？」

「……我離得最近。」爸爸說。

「但你沒碰！那時候我剛巧在看你倒映在玻璃上的影像。你一動也沒動。」

爸爸笑了，「那你說怎麼辦？」

「保溫瓶是自己倒的！地板不平。李叔叔放下時就晃，晃來晃去就倒了。爸，你為何說是你……」

「這，你李叔叔怎麼能看見？」

「可以告訴他呀！」

「那樣不好，孩子。」爸爸說，「還是說我碰倒的好。這樣，既不會傷害你李叔叔的面子，我也不會因難以證明自己而苦惱了。畢竟一隻保溫瓶值不了幾塊錢，不是什麼大事，何必那麼認真呢？」

心靈絮語：

自己被別人誤解固然苦惱，而解釋往往又很困難。其實，有時承擔一些無關緊要的誤解是最簡單的、最明智的選擇。

最後一次預言

卡敦奴是法國歷史上有名的星相家。據說，在卡敦奴生前，準確地預測過很多人的死期，大部分都很靈驗。卡敦奴也替自己算出了自己的生命不會超過一五七六年九月二十一日中午十二時。而且，也還樂觀地告訴別人自己的死期。可是，到了一五七六年九月二十一日，卡敦奴還很健康，絕不可能因病暴斃。而且在中午十二時之前，他仍充滿信心，自知在教堂大鐘響完十二下之後，就要魂歸天國了，只是連他自己也無法預知是怎樣死而已。

然而，鐘聲響過十二下，卡敦奴仍舊安然無恙，毫無死亡的跡象。他為了保住在星相界的聲譽，不惜以身相殉，自鐘塔跳下自殺身亡，應驗了他最準確的一次預言。

心靈絮語：

智者千慮，必有一失，在事實面前承認自己的錯誤是表現出一個人的豁達，而不是一件丟臉的事。

超越成敗得失

二〇〇〇年十二月十七日，在英國的曼徹斯特城，英格蘭超級足球聯賽第十八輪的一場比賽，在埃弗頓隊與西漢姆聯隊之間緊張地進行著。比賽只剩下最後一分鐘時，場上的比分仍然是一比一。

這時，埃弗頓隊的守門員傑拉德在撲球時扭傷了膝蓋，球被傳給了潛伏在禁區的西漢姆聯隊球員迪卡尼奧。

球場上原本沸騰的氣氛頓時靜了下來，所有的人都在等待。迪卡尼奧離球門只有十二米左右，無需任何技術，只需要一點點力量，就可以從容地把球踢進沒有了守門員的大門。

那樣，西漢姆聯隊就將以二比一獲勝。在積分榜上，他們可以因此而增加兩分，而且，在此之前，埃弗頓隊已經連敗兩輪，這個球一進，就將是苦澀的「三連敗」。

在幾萬雙現場球迷的目光注視下，迪卡尼奧沒有踢出「決勝的一腳」，而是彎下腰，把球穩穩抱到懷中……

全場因驚異而出現了片刻的沉寂，繼而突然掌聲雷動。如潮水般滾動的掌聲，把讚美之情獻給了放棄進球的迪卡尼奧。

心靈絮語：

勝利的喜悅對於每個人來說都是值得期待的，但是在需要發揚崇高品德的時候，能夠超越成敗得失，是一種更高的精神境界，是一種更大意義上的成功。

梅爾・布魯克和路人

明星走在街上，常碰到影迷索取照片，要求簽名。好萊塢喜劇大師梅爾・布魯克給人簽名就簽出了笑話。

「有一次我在一家餐廳門口等人，為了怕那些經常在影城打轉，專找明星的傢伙打擾，我特地將臉遮起了一大半。可是仍有一位矮小禿頭的男人走近我，眼裡充滿了懇求的神色，對我說：『很抱歉打擾您，但能不能請您……』我一聽立即就打斷他：『好。好，沒問題，快拿紙和筆來。』片刻，他拿了一張紙得意洋洋地出現在我面前。我說『筆呢？』他狼狽地摸遍口袋也沒找到，只好跑進餐廳借了一支筆。這時我已不耐煩地叫著：『好了，你叫什麼名字？』他有點傻乎乎地愣了一會兒，然後脫口而出：『唐，我叫唐！』」

布魯克邊說邊迅速地寫道：「給唐。萬事皆順，梅爾・布魯克。」他簽完後，看著紙上自己華麗的筆跡，將紙遞給了那個人。

唐拿著紙筆仍未離去，半晌吞吞吐吐地對布魯克說：「您實在太好了，

但我只是想向您借幾枚硬幣，去打電話而已。」

這時的布魯克有多窘就甭說了。

心靈絮語：

在與人交往中，最忌諱自以為是，以自我為中心的人。只有考慮到別人的立場和觀念，才能得到別人更多的友愛和擁戴。

姓名狀元

明代永樂二十一年大比的狀元，無為人邢寬，是因為名字被成祖皇帝看中，而被御筆點為狀元的。明成祖就是燕王朱棣，朱元璋的第個四兒子。在奪位中，殺了不少人；登基後為了收買人心，他開口「仁政」，閉口「仁政」，事事都掛上「仁政」的口號。永樂二十一年的秋闈，主考官呈上錄取名單，狀元是一個姓孫名日恭的人。成祖御覽時，不知怎麼一下觸動了腦海中「仁政」的弦，眉頭緊鎖，說：「日恭乃『暴』也，這怎麼行呢？」

提筆便將「孫日恭」劃去。明成祖繼續看著，剛好榜上有個名字叫邢寬的人，他見了，眉頭頓時舒開來，滿心歡喜地說：「邢寬，不就是『刑寬』嗎？與『暴』正好相反，好，很好。」

於是，欽點邢寬為狀元，並親自用御筆寫在「龍虎榜」之首。邢寬真是運氣來了，因姓名而當了狀元。邢寬中了狀元後，皇上傳旨，乾清宮召見。邢寬是個花花公子，一聽召見，喜出望外，治理社稷的事一點也未想到，滿腦是「皇宮粉黛三千，皇后尤其貌美」，此番得以進皇宮，終於可以見到各種「閉月羞花」的姣娥，真是艷福匪淺。誰知進到皇宮後，皇上沒賜座，也沒有讓他抬起頭。一會兒，告退出門時，竟情不自禁地甩了一下頭，想偷看皇后一眼，誰知被皇上看見了，便問：「卿既退去，為何回頭？」

邢狀元聽了，嚇了一大跳，趕忙跪下奏道：「陛下，臣回首一顧，是因皇宮的梅花垛子牆莊嚴典雅，富麗堂皇，太排場了，真乃我主萬世基業之徵也。乞陛下恕罪。」

邢狀元這番話，不過是急中編造的哄瞞之詞，但由於語多頌揚，拍馬屁巧妙地拍在點子上。皇上一聽，龍顏大喜，說：「卿喜歡梅花垛子牆，朕賞你十萬銀兩，回家鄉造一個就是了。」

邢狀元一聽，感激涕零，連連叩頭謝恩。拿了賞賜後，回到家鄉無為，就照辦了。所以，直至今天，無為城鄉還流傳著一句話：「邢寬因名字，為自己撈了個狀元；因回頭看皇后貌美，為家鄉撈了個『梅花垛子城』」。

心靈絮語：

靈活的頭腦，敏捷的思維，是一個人最大的財富。對於成功和機會也是必不可少的關鍵要素。

抽水機旁的水瓶

有一個人在沙漠中行走了兩天，途中遇到沙塵暴。一陣狂沙吹過之後，他已認不得正確的方向。正當快撐不住時，突然，他發現了一幢廢棄的小屋。他拖著疲憊的身子走進了屋內。這是一間密不通風的小屋子，裡面堆了一些枯朽的木材。他幾近絕望地走到屋角，卻意外地發現了一座抽水機。

他興奮地上前汲水，但任憑他怎麼抽水，也抽不出半滴來。他頹然坐地，卻看見抽水機旁，有一個用軟木塞，堵住瓶口的小瓶子，瓶上貼了一張泛黃的紙條，紙條上寫著：你必須用水灌入抽水機才能引水！不要忘了，在你離開前，請再將水裝滿！

他拔開瓶塞，發現瓶子裡，果然裝滿了水！

他的內心，此時開始交戰著：如果自私點，只要將瓶子裡的水喝掉，他就不會渴死，就能活著走出這間屋子！如果照紙條做，把瓶子裡唯一的水，倒入抽水機內，萬一水一去不回，他就會渴死在這地方了——到底要不要冒險？

最後，他決定把瓶子裡唯一的水，全部灌入看起來破舊不堪的抽水機裡，以顫抖的手汲水，水真的大量湧了出來！

他將水喝足後，把瓶子裝滿水，用軟木塞封好，然後在原來那張紙條後面，再加上他自己的話：相信我，真的有用。在取得之前，要先學會付出。

心靈絮語：

付出之後，必有回報。春天播種，秋天才能夠收穫；這是永恆不變的真理。我們要想得到自己的需求，首先應該學會給予和付出。

品德上的「破綻」

有一師父，凡遇徒弟第一天進門，必要安排徒弟做一例行功課——掃地。過了些時辰，徒弟來稟報，地掃好了。

師父問：「掃乾淨了？」

徒弟回答：「掃乾淨了。」

師父不放心，再問：「真的掃乾淨了？」

徒弟想想，肯定地回答：「真的掃乾淨了。」

這時，師父會沉下臉，說：「好了，你可以回家了。」

徒弟很納悶，怎麼剛來就要我回家？不收我了？是的，是真不收了。

師父擺擺手，徒弟只好走人，不明白這師父怎麼也不去檢查檢查就不要自己了？

原來，這位師父事先在屋子犄角旮旯處悄悄丟下了幾枚銅板，看徒弟能不能在掃地時發現。大凡那些心浮氣躁，或偷奸耍滑的後生，都只會做表面功夫，不會認認真真地去掃那些犄角旮旯處的。因此，也不會撿到銅板交給

師父的。師父正是這樣「看破」了徒弟，或者說，看出了徒弟的「破綻」——如果他藏匿了銅板不交給師父，那破綻就更大了。不過，師父說，他還沒遇到過這樣的徒弟。貪婪的人是不會認真地去做別人交付的事情的。

心靈絮語：

衣服上的破綻，需要縫補；而一個人品德上的「破綻」，則需要透過加強修養來克服。在為人處世中，只有時時處處嚴格要求自己，才能使自己的道德品質完善，才能成為一個容易被人接受和感動的人。

一群人和一群猴

洪水把一群人和一群猴子逼到一個山頂上。三天三夜，人沒吃上一口東西；猴子也一樣。第四天，人從水裡撈起一個蘋果，猴子也從水裡撈起一個蘋果。男人把蘋果讓給女人，女人把蘋果讓給老人，老人最後把蘋果讓給了小孩。另一個蘋果的命運卻相反，老猴子把它從小猴子手中奪走，母猴子又從老猴子手裡把它奪走，最後，蘋果落到了猴子王的嘴裡。

猴子說：「人啊，真傻！自己都已經餓得要死了，卻把吃的東西讓給別人！」

人說：「正因為你們不能明白這個道理，所以你們雖然長成人的模樣，卻不能成為人！」

心靈絮語：

先人後己、捨己為人、無私奉獻的精神是人類特有的高尚品質，也是人類緊密團結、密切合作，不斷戰勝各種災難，不斷走向繁榮富強的基礎。

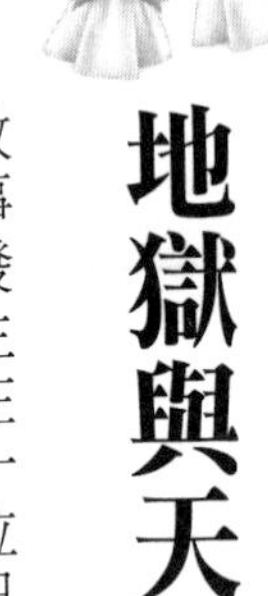

地獄與天堂

故事發生在一位日本禪師和一位日本武士之間。這天，名叫信重的武士向名叫白隱的禪師請教說：「真有地獄和天堂嗎？你能帶我去參觀一下嗎？」

「你是做什麼的？」白隱禪師問。

答曰：「我是一名武士。」

「你是一名武士？」禪師大聲說，「哪個蠢主人會要你做他的保鏢？看你的那張臉簡直像一個討飯的乞丐！」

「你說什麼？」武士熱血上湧，伸手要抽腰間的寶劍，他哪受得了這樣的譏嘲！

禪師照樣火上澆油：「哦，你也有一把寶劍嗎？你的寶劍太鈍了，砍不下我的腦袋。」

武士勃然大怒，「匡」的一聲抽出了寒光閃閃的利劍，對準了白隱禪師的胸膛。此刻，禪師安然自若地注視著武士說道：

「地獄之門由此打開！」

一瞬間武士恢復了理智，覺察到了自己的冒失而無禮，連忙收起寶劍，向白隱鞠了一躬，謙卑地道歉。

白隱禪師面帶微笑，溫和地告訴武士：「天堂之門由此敞開！」

心靈絮語：

人的學識不如人的修養，人的修養不如人的覺悟。亙古不變的名言告誡我們在與人交往的時候，時刻不要忘了禮貌與教養。你的言行舉止可以領你下地獄，也可以帶你上天堂。

真誠不等於「實話實說」

舞蹈家鄧肯是十九世紀最富傳奇色彩的女性，熱情浪漫外加叛逆的個性，使她成為反對傳統婚姻和傳統舞蹈的前衛人物。她小時候更是純真，常坦率得令人難堪。聖誕節，學校舉行慶祝大會，老師一邊分糖果、蛋糕，一邊說著：「看啊！小朋友們，聖誕老公公為你們帶來什麼禮物？」

鄧肯馬上站起來，嚴肅地說：「世界上根本沒有聖誕老公公。」

老師雖然很生氣，但還是壓住心中的怒火，改口說：「相信聖誕老公公的乖女孩才能得到糖果。」

「我才不稀罕糖果。」鄧肯回答。

老師勃然大怒，處罰鄧肯坐到前面的地板上。

心靈絮語：

如果不能適度看待時機與場合，不僅會刺傷別人，也會損傷自己。因此，誠實的人固然值得讚許，但在有些時候，善意的謊言也是讓人值得欣慰的。

不會驕傲的樹

有一顆與眾不同的樹種，被選了出來，要種在一片荒漠上。

「多麼優秀的一顆樹種啊！你應該為此感到驕傲。」人們讚美道。

「我只是一顆樹種而已，還沒有資格驕傲。」樹種小聲地說。

樹種發芽了，它生長得十分良好，不管是隆冬酷暑、狂風暴雨，都不能摧毀它。

「多麼堅強的一棵小樹啊！你應該為你自己驕傲。」人們讚美道。

「我還只是一棵小樹，沒有勇氣驕傲。」小樹輕聲地說。

小樹長大了，它枝繁葉茂，高入雲端。

「多麼高大的一棵樹啊！你應該為此驕傲。」人們讚美道。

「我已經是一棵大樹了，沒有必要驕傲。」大樹無聲地說。

心靈絮語：

生活中的一切崗位，都是平凡而偉大的。上至領袖下至服務人員，他們都在自己的崗位上做著自己的本職工作。不管你是誰，不管處於什麼樣的位置，都沒有必要驕傲和卑謙。

出什麼事了

在塔諾普爾城住著一個叫費威爾的人。有一天，他正坐在屋子裡認真地看書，忽然聽到外面一陣嘈雜聲。他走到窗前，看到一大群孩子在玩，他想把他們趕走，於是他打開窗子對孩子們說：

「孩子們，快到教堂那裡去吧！你們在那裡會看見一隻海怪。它有五隻腳，三顆眼睛，還有像山羊一般的鬍子，不過是綠色的！」

孩子們一聽這話就都跑了，費威爾先生回到書房，一想到剛才對那些孩子編的瞎話，就不禁偷偷地笑了出來。

可是不久他書房的寧靜又被打破了，這回是一陣奔跑的腳步聲。他走到窗前，看見許多人在跑。

「你們往哪裡跑？」他大聲地問。

「去教堂！」猶太人回答說，「你沒聽說嗎？那裡有隻海怪，有五隻腳，三顆眼睛，還有像山羊一般的鬍子，不過是綠色的。」

費威爾先生得意地笑了笑，又回去讀自己的經書了。

他才剛剛坐穩，又聽到外面一陣喧鬧聲。他往窗外一望，不得了啦，一大群人，男男女女，老老少少，全往教堂的方向跑。

「出什麼事了？」他大聲問道。

「天哪！怎麼，你還不知道嗎？」他們回答說，「就在教堂前面有一隻海怪。它有五隻腳，三顆眼睛，還有像山羊一般的鬍子，不過是綠色的！」

人們匆匆跑過。費威爾先生忽然注意到拉比本人也在人群當中。

「天哪！」他喊道，「要是拉比本人也和他們一塊兒跑的話，一定是出什麼事了，無風不起浪。」

費威爾先生慌忙抓起帽子離開了家門，也跟著跑了起來。

心靈絮語：

一個愛說謊話的人，是可惡的。對於總是愛說謊話的人，時間久了，別人是不會相信他的。並且，最可悲的是，他自己也會不相信自己的。到頭來，不僅僅失去自己的信譽，往往受害的還是自己。

信任也是一種約束

我在加拿大渥太華的卡爾頓大學做訪問學者時，夏天到紐約旅遊。那天特地去參觀仰慕已久的大都會博物館。門口售票處的牌子上明碼標價：成人票價——十六美元；學生——八美元。儘管我很清楚，美國人指的學生，不僅僅是在美國就讀的學生，而是來自世界上任何一個國家的學生，但我實在不知道自己算不算學生。訪問學者平時也與研究生一起聽課。可說是學生，又沒有像學生一樣交學費，也沒有學生證。我有心省下八美元，但又怕售票員要我出示學生證。萬一弄得讓人家懷疑我在撒謊，既丟「人格」，又失「國格」。

躊躇良久，我想了一個兩全之策。我向售票小姐遞出十六美元，同時對她說：「我是從加拿大來的學生，如果……」我的下半句話是「如果訪問學者也可算是學生的話。」

可她還沒等我把話說完，就面帶微笑問：「幾個人？」

「一個。」我回答說。

她很快遞給我一個通行證用的徽章和找回的八美元，並微笑著說：「祝你在這裡度過愉快的一天。」全然沒有顧及我滿腦子的胡思亂想。

的確，那天我的心情一直很愉快，不僅僅是因為欣賞了大都會博物館精美的藝術品和省下了八美元。

有了這種愉快的經歷後，心裡就時時想著珍惜它。就像一旦得到別人的尊重，就會加倍自重自愛一樣。

事隔六年，我帶妻子和女兒參觀紐約大都會博物館。門票價格政策依然如故，但我的身份已不再是當年的訪問學者，而是領薪資的駐美記者。儘管我和我妻子從外表來看要充當學生仍綽綽有餘，但出於對「信任」的珍惜，也為了自重自愛，我毫不猶豫地買了兩張成人、一張兒童的門票。儘管多花了十六美元，但心情與上次一樣愉快。因為我沒有辜負別人的信任。

心靈絮語：

對於別人的信任，我們更應該加倍的珍惜。因為這是我們人生的一筆財富，我們應該時刻都懷著一顆感恩的心去給予回報或對待他人。其實，人生最大的快樂並不是索取，而是給予。

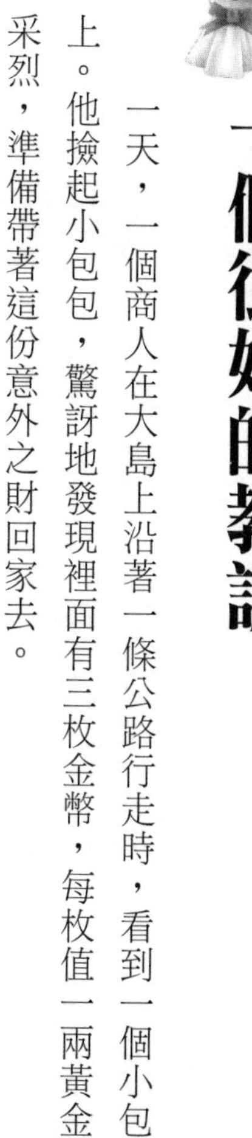

一個很好的教訓

一天，一個商人在大島上沿著一條公路行走時，看到一個小包包掉在地上。他撿起小包包，驚訝地發現裡面有三枚金幣，每枚值一兩黃金。他興高采烈，準備帶著這份意外之財回家去。

這時，過來一個散步的人，說這個包包是他的，是他掉在這裡的，他當然要求商人把三枚金幣還給他。

商人卻不以為然，他聲稱：「誰撿到就是誰的。」

兩人都據理力爭，吵個沒完。他們倆是那樣全神貫注，以致不知不覺地調換了他們在爭吵中的位置。

金幣原來的主人說道：「其實，既然我已經丟了，那就丟了。」商人則回答：「總而言之，我是偶然撿到的，這錢不屬於我。」

這樣，他們的意見仍然完全相反。一個決意要還錢，一個再也不想要。他們又吵了起來。

「還是請你拿去吧……」

「千萬別這樣，這錢現在是你的了。」

他們又像起初一樣，沒完沒了的爭吵起來，不過彼此互換了角色。

他們不知道如何解決才好，於是便一致決定請第三者裁決；對於他的裁決，他們都將不再表示異議。

於是，他們就去拜訪當時最著名的法官大岡忠相。

法官仔細地聽取了他們兩人的申訴，然後做出了裁決：「你們倆都願意讓給另一個人的這三枚金幣由官方沒收。既然你們都放棄了這筆錢的所有權，那你們是不會反對的。」

這位大法官拿起三枚金幣，走進了他的辦公室。

兩個人都待在那裡發呆，思索著什麼，像是有點後悔似的……這時候，法官回來了，手裡拿著兩個小包包。他又對他們說：

「你們是那樣的固執，每個人都堅持自己有理，所以你們兩人都失去了這筆錢。這樣，你們就得到了一個很好的教訓：頑固堅持自己的想法，而不試圖理解對方，那就會受到損失。我也同樣得到了一個重大的教訓，那就是你們的謙虛和你們的慷慨所給予我的教訓。因此，我要給你們每人送一份禮物。」

他遞給每人一個小包包，每個包包裡裝著兩枚金幣。」

大法官大岡忠相從這件事裡得出結論說：

「你們倆現在拿到的這四枚金幣，就是你們帶給我的那三枚，再加上我為了感謝你們對我的教育，從自己口袋裡拿出來的一枚。在這以前，你們每個人都認為自己有三枚金幣；後來又都失去了。從現在起，你們每個人都有了兩枚金幣，而且可以保存下去。你們每個人都失去了一枚金幣，而我添了一枚，因此我也失去了一枚金幣。這就使得我們大家都失去了同樣的東西：一枚金幣。這就是代價，我們三個人為了剛剛受到的教育都付出了同樣的代價。」

心靈絮語：

人格魅力是無法用金錢來衡量的，但它可以被金錢所左右。因此，我們在追求高尚人格的同時，一定要謹慎的運用金錢的價值。

一種名貴的花卉

一個精明的荷蘭花草商人，千里迢迢從遙遠的非洲引進了一種名貴的花卉，培育在自己的花圃裡，準備到時候賣個好價錢。對這種名貴的花卉，商人愛護備至，許多親朋好友向他索要，一向慷慨大方的他卻連一粒種子也不給。他計劃繁育三年，等擁有上萬株後再開始出售和饋贈。

第一年的春天，他的花開了，花圃裡萬紫千紅，那種名貴的花開得尤其漂亮，就像縷縷明媚的陽光。第二年的春天，他的這種名貴的花已繁育出了五六千株，但他和朋友們發現，今年的花沒有去年開得好，花朵略小不說，還有一點點的雜色。到了第三年的春天，他的名貴的花已經繁育出了上萬株，但令這位商人沮喪的是，那些名貴的花的花朵已經變得更小，花色也差多了，完全沒有了它在非洲時的那種雍容和高貴，當然他也沒能靠這些花賺上一大筆錢。

難道這些花退化了嗎？但非洲人年年種養這種花，大面積、年復一年地種植，並沒有見過這種花會退化呀！他百思不得其解，他便去請教一位植物學家，植物學家拄著枴杖來到他的花圃看了看，問他：「你這花圃隔壁是什麼？」

他說：「隔壁是別人的花圃。」

植物學家又問他：「他們種植的也是這種花嗎？」

他搖搖頭說：「這種花在全荷蘭，甚至整個歐洲也只有我一個人有，他們的花圃裡都是些鬱金香、玫瑰、金盞菊之類的普通花卉。」

植物學家沉吟了半天說：「我知道你這名貴之花不再名貴的致命祕密了。」植物學家接著說：「儘管你的花圃裡種滿了這種名貴之花，但和你的花圃毗鄰的花圃卻種植著其他花卉，你的這種名貴之花被風傳授了花粉後，又染上了毗鄰花圃裡的其他品種的花粉，所以你的名貴之花一年不如一年，越來越不雍容華貴了。」

商人問植物學家該怎麼辦，植物學家說：「誰能阻擋住風傳授花粉呢？要想使你的名貴之花不失本色，只有一種辦法，那就是讓你鄰居的花圃裡也都種上你的這種花。」

於是商人把自己的花種分給了自己的鄰居。次年春天花開的時候，商人和鄰居的花圃幾乎成了這種名貴之花的海洋——花朵又肥又大，花色典雅，

朵朵流光溢彩、雍容華貴。這些花一上市，便被搶購一空，商人和他的鄰居都發了大財。

心靈絮語：

與別人融洽的相處，和睦的相交，是一件快樂的事情。要想長久的保持自己的幸福和喜悅，就要學會與別人分享，與大家共同經營幸福的花朵。

一隻小鳥的厄運

十二歲的小索爾住在南卡羅來納州，常常把一些野生的生物捉來放到籠子裡。他家住在森林旁邊，每當日落黃昏，便有一群美洲畫眉鳥來到林間歇息和歌唱。那歌聲美妙絕倫，沒有一件人間的樂器能奏出那麼優美的曲調來。

索爾當機立斷，決心捕獲一隻小畫眉鳥，放到自己的籠子裡，讓它為自己一人歌唱。

果然，索爾成功了。它先是拍打著翅膀，在籠中飛來撲去，十分恐懼。但後來它安靜下來，承認了這個新家。站在籠子前，聆聽小鳥美妙的歌唱，索爾感到萬分高興，真是喜從天降。

他把鳥籠放到自家的後院。第二天，小畫眉鳥的媽媽口含食物飛到了籠子跟前。

畫眉鳥媽媽讓小畫眉鳥把食物一口一口地吞嚥下去。當然，畫眉鳥媽媽知道這樣比他來餵她的孩子要好得多。看來，這是件皆大歡喜的好事情。

接下來的一天早晨，索爾去看他的小俘虜在幹什麼時，發現她無聲無息地躺在籠子底層，已經死了。他對此疑惑不解，不知發生了什麼事，自己的小鳥不是已得到了精心的照料了嗎？索爾把小鳥那可怕的厄運告訴了爸爸。對鳥類頗有研究的爸爸跟他作了精闢的解釋：「當一隻母美洲畫眉鳥發現自己的孩子被關進籠子後，就一定要餵小畫眉鳥足以致死的毒莓，它似乎堅信孩子死了總比活著做囚徒好些。」

從此以後，索爾再也不捕捉任何生物來關進的籠子裡。因為任何生物都有權對自由生活的追求，而這種追求無疑是值得肯定的。

心靈絮語：

在生活中，每個人都有自己喜歡追求的事情，我們應該給予更多的尊重和理解，這樣，不僅僅是對他人的肯定，也是對自我的尊重。

還沒到任就貪污

有個南昌人，住在京城裡，做著國子監的助教。一天，他偶爾路過延壽街，看見一個年輕人正在點錢買《呂氏春秋》。剛好有一枚錢掉在地上，這個人就走過去用腳踩住錢。等年輕人走後，他就彎下腰把錢撿起來。旁邊坐著一個老頭子，看了半天，忽然站起來問這人的名字，冷笑兩聲就走了。

後來這個人以上舍生的名義，進了謄錄館，求見選官，得到了江蘇常熟縣尉的職位。他正打點好行裝，準備上任，遞了一張名片給上司。當時，湯潛庵正擔任江蘇巡撫，這人求見了十多次，巡撫都不見他。官府裡的巡捕傳下湯潛庵的命令，叫這人不必去赴任，原因是他的名字已經寫進了被檢舉彈劾的公文裡了。這人大惑不解，便問是為什麼事情而被彈劾的。人家回答說：「是因貪污。」

這人想，自己還沒到任，哪裡會貪污呢？肯定是搞錯了，就想進去當面解釋一下。巡捕將此事稟報了湯潛庵後，再次出來傳達道：「你難道不記得當年在書鋪裡的事了嗎？你當秀才的時候，尚且愛那一文錢如命。現在你運

氣好，當上了地方官，那你還不把手伸進人家的口袋裡去偷，成了戴著烏紗的小偷？請你馬上解下大印走吧！」這人才知道，當年問他姓名的老頭，竟是這位湯老爺。他於是慚愧地辭官而去。

當官還沒上任就被彈劾，也算是一件出人意料的事。這個故事應該可以給那些貪圖小利、行為不檢的人作個勸誡吧！

心靈絮語：

人的道德素質，在一些小的事情上很容易就能表現出來。一個人在任何場合都要保持良好的道德，「慎獨」是一個人獲得成功的重要條件。不管有沒有人看著你，在任何情況之下，都要保持良好的道德。

治腳繭的藥

從前，有個人開了一家藥店，專賣治腳繭的藥。他為了招徠顧客，便想出一個騙人的方法，做了一塊橫匾招牌，上面寫著「供御」二字，意在向人炫耀自己的藥是供皇帝使用的，因為這「御」字即是與帝王有關的稱謂。

他這一招還真靈，果然許多長腳繭的人都來買他的藥。有一天，來了幾個讀書人，走到這藥店門口，看到這「供御」二字的橫匾，覺得很好奇，其中一人徑直走到櫃檯前問：「請問賣的是什麼藥？」

那賣藥人回答道：「治腳繭的藥。」

那讀書人回頭朝同來的幾人笑著說：「這就奇怪了，皇帝從不自己走路，怎麼會長腳繭，又怎麼會用他這治繭的藥呢？」

幾個讀書人邊議論邊譏笑這個賣藥人的愚蠢把戲，走開了。結果，這家藥店騙人的「廣告」也因此被戳穿了，那些有腳繭的人也都不來買他的藥了。過了些時候，皇上知道了賣藥人打著皇帝招牌行騙的事，便派人來傳喚他，並要對他加罪。

他一把鼻涕一把淚地哭著說：「小的怎敢斗膽欺騙皇上呀！只不過是想借皇上的威光招引顧客罷了！」

皇上這次總算慈悲為懷，考慮到賣藥人只不過是為了謀生罷了，於是並未治罪就把他放回去了。

賣藥人回家後，立刻把店門上掛的那個橫匾摘下來，在原有的「供御」之上，又增加了四個字：「曾經宣喚」，依然想借此招徠顧客。

心靈絮語：

做任何事情都要講究事實才是，不要因為想陞官發財或橫取暴富，而不切實際的誇大自己的能力和實際的真實情況。到頭來，你的目標會離你越來越遠，你的名譽也會掃地，受害的反而是你自己。

※為保障您的權益，每一項資料請務必確實填寫，謝謝！

姓名		性別	□男　□女
生日	年　月　日	年齡	
住宅地址	郵遞區號□□□		
行動電話		E-mail	

學歷

□國小　□國中　□高中、高職　□專科、大學以上　□其他________

職業

□學生　□軍　□公　□教　□工　□商　□金融業
□資訊業　□服務業　□傳播業　□出版業　□自由業　□其他________

謝謝您購買 **原來，愛曾經是離我那麼的近！** 與我們一起分享讀完本書後的心得。務必留下您的基本資料及電子信箱，使用我們準備的免郵回函寄回，我們每月將抽出一百名回函讀者，寄出精美禮物以及享有生日當月購書優惠！想知道更多更即時的消息，歡迎加入"永續圖書粉絲團"

您也可以使用以下傳真電話或是掃描圖檔寄回本公司電子信箱，謝謝！

傳真電話：（02）8647-3660　電子信箱：yungjiuh@ms45.hinet.net

●請針對下列各項目為本書打分數，由高至低5～1分。

項目	5 4 3 2 1	項目	5 4 3 2 1
1.內容題材	□□□□□	2.編排設計	□□□□□
3.封面設計	□□□□□	4.文字品質	□□□□□
5.圖片品質	□□□□□	6.裝訂印刷	□□□□□

●您購買此書的地點及店名________

●您為何會購買本書？

□被文案吸引　□喜歡封面設計　□親友推薦　□喜歡作者
□網站介紹　□其他________

●您認為什麼因素會影響您購買書籍的慾望？

□價格，並且合理定價是________　□內容文字有足夠吸引力
□作者的知名度　□是否為暢銷書籍　□封面設計、插、漫畫

●請寫下您對編輯部的期望及建議：

★請沿此線剪下傳真、掃描或寄回，謝謝您寶貴的建議！

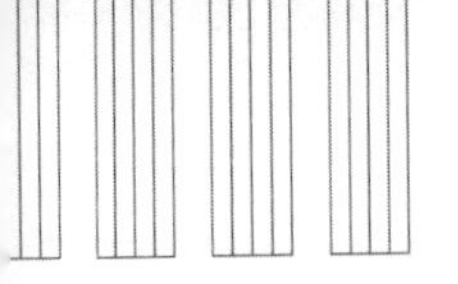

廣　告　回　信
基隆郵局登記證
基隆廣字第200132號

2 2 1 - 0 3

新北市汐止區大同路三段194號9樓之1

FAX：（02）8647-3660

E-mail：yungjiuh@ms45.hinet.net

文化事業有限公司

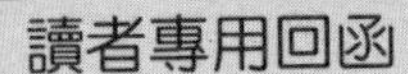

原來，
愛曾經是離我那麼的近！

培 養 文 化 育 智 心 靈 的 好 選 擇